A COMPREENSÃO DA PESSOA
psicologia da personalidade

Dados Internacionais de Catalogação na Publicação (CIP)
(Câmara Brasileira do Livro, SP, Brasil)

Chaves, José.
A compreensão da pessoa : psicologia da personalidade / José Chaves. — São Paulo : Ágora, 1992.

Bibliografia.
ISBN 85-7183-400-8

1. Maturidade (Psicologia) 2. Personalidade 3. Sucesso I. Título.

91-3040

CDD-158.1
-155.2
-155.25

Índices para catálogo sistemático:

1. Desenvolvimento pessoal : Psicologia aplicada
   158.1
2. Maturidade : Psicologia individual 155.25
3. Personalidade : Psicologia individual 155.2
4. Sucesso : Psicologia aplicada 158.1

A COMPREENSÃO DA PESSOA
psicologia da personalidade

José Chaves

ÁGORA

Copyright © 1992 by José Chaves

Nenhuma parte desta publicação poderá ser reproduzida,
guardada pelo sistema "retrieval" ou transmitida de qualquer
modo ou por qualquer meio, seja eletrônico,
mecânico, de fotocópia, de gravação
ou outros, sem prévia autorização por escrito da Editora.

Capa:
Edmundo França/Caso de Criação

Todos os direitos reservados pela

Editora Ágora Ltda.
Caixa Postal 62.564
01295 - São Paulo - SP

SUMÁRIO

Prefácio 7

Introdução — O campo de atuação da psicologia da
personalidade 9

I — O processo de conhecer alguém

Capítulo 1 — A coleta de dados 17
Capítulo 2 — Organização e análise dos dados 33

II — Os sistemas de interpretação

Capítulo 3 — Estruturas motivacionais 45
Capítulo 4 — Estruturas de controle 83

III — As transformações pessoais

Capítulo 5 — O processo de desenvolvimento pessoal 101
Capítulo 6 — A estabilidade da personalidade nos vários
enfoques teóricos 135

IV — A avaliação interpessoal

Capítulo 7 — Tecnologia do conhecimento interpessoal 161

V — Conceitos de personalidade

Capítulo 8 — Conceitos de personalidade 179

PREFÁCIO

Desde 1977 vimos respondendo pelas disciplinas de Psicologia da Personalidade II e III, no curso de Psicologia da Universidade Federal de Uberlândia (MG), que versam sobre as teorias de personalidade. A partir de 1988, passamos a acumular também a responsabilidade pela disciplina de Psicologia da Personalidade I, que trata dos fundamentos da Psicologia da Personalidade. Tal fato nos ensejou a oportunidade de pôr em prática algumas idéias que vínhamos acalentando acerca da iniciação do aluno na compreensão da pessoa, em moldes diferentes dos tradicionais.

Existem dezenas de teorias sobre a personalidade, decorrentes da multiplicidade de enfoques em que ela pode ser abordada. Isso acarreta para o aluno (ou iniciante) uma decepção em suas expectativas de conhecimentos rigorosos e precisos acerca do funcionamento psicológico do ser humano e a impressão de que o conhecimento científico ainda não existe nessa área, sendo mais uma questão de gosto pessoal. Isso tende a se agravar quando se considera que os manuais e cursos sobre o tema seguem habitualmente um modelo que, sinteticamente, consiste na apreciação de conceitos de personalidade, seguida da exposição sobre os fatores e condições que influem em sua formação e desenvolvimento, finalizando-se com a apresentação de métodos e técnicas de avaliação da personalidade. Nossa resistência à adoção desse modelo não se deve a tais conteúdos, evidentemente, mas ao fato de que ele privilegia a simples transferência de um dado conhecimento, cabendo ao aluno a sua assimilação passiva.

Em nossos cursos, procuramos desenvolver no aluno uma postura de análise e crítica, levando-o a *aprender a pensar a personalidade*, a partir do conhecimento de um leigo sobre o tema, até o conhecimento preciso de um cientista. Percorrendo o mesmo caminho que os teóricos da personalidade percorreram ao elaborarem suas teorias, o aluno tem a oportunidade de dimensionar a complexidade psicológica do ser humano, entender a multiplicidade de enfoques, sabendo em que princípios eles se fundamentam e podendo reconhecer seu valor e seus limites de aplicação, ao mesmo tempo em que trabalha os conceitos e noções (conteúdo) referentes à Psicologia da Personalidade. Dessa forma, o aluno tem os elementos necessários para compreender a teoria e a lógica de sua construção. Em vez de receber uma definição acabada de personalidade, ele é levado a descobrir os requisitos indispensáveis à sua formulação. Esta é conseqüência do aprendizado de todos os conhecimentos que a sustentam. O aluno chega a ela e não simplesmente a partir dela.

O autor

INTRODUÇÃO

O CAMPO DE ATUAÇÃO DA PSICOLOGIA DA PERSONALIDADE

O leigo como psicólogo. Todas as pessoas praticam algum tipo de psicologia, diária e inevitavelmente, a cada momento em que procuram entender algum aspecto do seu próprio comportamento ou de outrem. Observando o comportamento, próprio ou dos outros, procuram entendê-lo segundo seus múltiplos componentes e determinantes. Tomemos como exemplo o comportamento habitual de João embriagar-se com álcool. Alguns familiares de João consideram seu comportamento *hereditário*, já que tanto seu avô como seu pai eram alcoólatras. Outros objetam que não é questão de herança, mas de *aprendizagem*. João apenas aprendeu a beber com o pai, tanto quanto aquele. Existem outros ainda que acham que João bebe por "fuga" ou mesmo para "chamar a atenção". Em todas essas considerações, os conhecidos de João estão tentando entender seu comportamento segundo suas causas prováveis, isto é, segundo sua *motivação*. Mas alguns conhecidos de João abordam seu comportamento por outros prismas que não o de sua motivação. Assim, observam que João está perdendo a força e a coordenação motora. Ele já não é capaz de carregar pesos que antes transportava com facilidade ou, então, só consegue introduzir a chave na fechadura com o uso das duas mãos, por causa dos tremores. Estas pessoas estão enfocando a sua *psicomotricidade*. Também existem aqueles que se preocupam com o fato de João estar ficando sem *atenção*, com a *memória* ruim ou mesmo estar vendo coisas que não existem, como insetos e répteis andando pelas paredes e até pelo seu corpo. Neste último caso, é o seu modo de *perceber* que está alterado pelo álcool. E, assim, poderíamos ilustrar inúmeros aspectos pelos quais o comportamento de João poderia ser enfocado e compreendido. A nosso ver, essas pessoas estão praticando um tipo de psicologia, ao agirem de modo semelhante ao psicólogo. Que tipo de psicologia é esse? O que é realmente psicologia?

O campo da Psicologia. No campo das ciências, chamamos Psicologia a área do conhecimento que se propõe estudar e compreender o comportamento humano e animal, qualquer que seja ele. E é precisamente o que os familiares de João estavam fazendo. Evidentemente, não podemos chamar de científicos os procedimentos empregados por eles para elucidarem o comportamento de João. Mas o espírito com que se defrontaram com o comportamento de João é o mesmo de um psicólogo: *conhecer o comportamento*.

A esse tipo de prática psicológica chamamos *popular*, e ela carece de rigor e precisão, ao contrário da psicologia científica, que se fundamenta na certeza de suas descobertas e verificações e na validade de suas afirmações. Enquanto ciência, a Psicologia refere-se "ao conjunto de conhecimento sistematizado obtido por observação cuidadosa, mensuração de acontecimentos e experimentação rigorosamente planejada" (Morgan, 1977). Explica-se assim por que o conhecimento derivado da psicologia popular seja, com freqüência, incerto e não confiável, ao contrário da psicologia científica.

Todo e qualquer comportamento humano e animal, em qualquer situação, é, por definição e por direito, objeto de estudo da Psicologia, e o mesmo comportamento, inclusive, pode ser compreendido segundo diversos aspectos psicológicos.* Nos exemplos citados, o comportamento de João foi considerado em termos de motivação, psicomotricidade, atenção, memória e senso-percepção. Poderia tê-lo sido ainda em outros termos, como pensamento, linguagem, consciência, afetividade etc.

Os pontos de contato entre esses dois tipos de psicologia são mais freqüentes do que se supõe. Por exemplo, quem considerou a hereditariedade como causa do comportamento de João assim agiu porque deu maior ênfase aos aspectos *naturais* da motivação, enquanto aqueles que consideraram o vício de João como aprendido estavam dando maior destaque aos aspectos *sociais*. Essa é uma pendência que persiste até hoje na psicologia científica. É ela uma *ciência natural* ou *ciência social?* Esta indefinição se justifica na medida em que a Psicologia apresenta facetas típicas tanto de um como de outro enfoque e não pode ser reduzida simplesmente a apenas um deles. Voltaremos a essa questão nos próximos capítulos. De momento, interessa-nos delimitar o campo de atuação da Psicologia enquanto Ciência, traçando seus pontos de contato com a psicologia popular, bem como delimitar o campo de atuação da Psicologia da Personalidade e situá-lo dentro dessa esfera maior que é a Psicologia (Geral).

---

* Não se deduza erroneamente dessa afirmação que o estudo do comportamento humano e animal seja exclusividade da Psicologia. Hoje em dia, a Psicologia, ao lado da Economia, Sociologia, Antropologia etc. formam as *ciências do comportamento*.

Em outras palavras, a Psicologia da Personalidade é uma área específica de conhecimento dentro da Psicologia. Vamos agora definir melhor o seu âmbito de atuação.

O leigo como psicólogo da personalidade. Até aqui, havíamos considerado o leigo em uma prática que chamamos de psicologia popular, na medida em que seu interesse estava voltado para a compreensão setorial do comportamento. *Seu interesse era o de conhecer certos aspectos do comportamento ou mesmo certos comportamentos de alguém, mas não o de conhecer esse alguém.* No primeiro caso, o leigo está no papel do psicólogo e no segundo, no papel do psicólogo da personalidade.

A Psicologia da Personalidade estuda o comportamento na medida em que ele é referente especificamente a alguém ou, melhor dizendo, referente a uma dada pessoa. Já a Psicologia estuda o comportamento independente dessa condição, abarcando inclusive o estudo do comportamento animal. Seu campo é mais geral do que o daquele. Mas qual a vantagem ou importância de se estudar o comportamento, na medida em que é referente a uma dada pessoa? A resposta a essa questão já foi delineada há pouco; conhecer o comportamento de alguém não é o mesmo que conhecer esse alguém. Compreender um dado aspecto do comportamento de alguém, isoladamente, por exemplo, a motivação de João para beber, não é a mesma coisa que compreender esse alguém, no caso João. Podemos conhecer todos os fatores que levam João a beber, mas isso não significa que conhecemos João. Para conhecê-lo, temos que saber dos demais aspectos que compõem seu comportamento, como a sua percepção, pensamentos etc., e como esses inúmeros aspectos se encontram combinados, resultando na pessoa que é João. Os familiares de João agiram no papel do psicólogo, isto é, voltados para a compreensão do comportamento em si, qualquer que fosse ele, e sem levar em conta a quem ele se referisse. O interesse do psicólogo, primariamente, é o da compreensão do comportamento em si ou de seus aspectos, em determinadas condições. Por exemplo, ele estuda a percepção, procurando estabelecer as leis gerais que a regem, a influência de certos fatores etc. Em síntese, procura saber o máximo possível sobre o ato perceptivo em si. O psicólogo da personalidade por sua vez também tem interesse em compreender o comportamento, ou seus aspectos, mas na medida em que tal comportamento se refere a alguém, ou seja, na medida em que é representativo dessa pessoa. A ênfase aqui é a compreensão da pessoa através da compreensão de seu comportamento. Essa relação da Psicologia da Personalidade com a Psicologia (Geral) pode ser aclarada com uma ilustração: suponhamos que um psicólogo soubesse tudo de todos os comportamentos possíveis: os princípios, os determinantes, as leis; enfim, tudo. Mesmo assim, não se poderia dizer que ele conhecesse todas as pessoas ou até mesmo que conhecesse uma só delas. Para conhecer uma pessoa, ele teria ainda que investigar como tudo aquilo que ele sabe se aplicaria àquela pessoa em particular. O objetivo da Psicologia da Personalidade é estabelecer os meios que possibilitam conhecer uma pessoa. Podemos agora dar o passo seguinte, que é considerar o que ocorre quando um indivíduo procura conhecer o outro.

As pessoas normalmente têm um padrão de conhecer o outro, mas raramente procuram pensar no que consiste esse padrão, e com isso não se advertem das operações que realizaram nesse processo. Alguns passos admitidos implicitamente são de extrema relevância e por não serem explicitados passam despercebidos pelo leigo, que desconhece então a sua importância.

O primeiro desses passos se refere a algo tão óbvio que parece desnecessário mencioná-lo e diz respeito ao fato de que quando conhecemos alguém estamos tomando conhecimento a respeito de um ser humano, de uma *pessoa*. Na realidade, isso traz uma série de implicações. Essa pessoa não é simplesmente "uma pessoa qualquer". Por quê? Porque sabemos que ela é *única*. Por mais parecida que ela seja com alguém ou mesmo idêntica ao seu irmão gêmeo, sabemos que *ela é ela* e não o outro. Tomamos, inclusive, um cuidado constante para não confundi-la com o outro. *Ela é unicamente ela.* Esse dado de capital importância é um daqueles que, com freqüência, passamos por cima, mas que o psicólogo ou cientista não o faz. A psicologia popular sabe da singularidade do outro, conta com ela implicitamente, mas não reflete suficientemente sobre ela. As razões dessa unicidade podem ser encontradas na influência do meio e na participação da hereditariedade na formação e desenvolvimento do indivíduo, e voltaremos a falar disso proximamente, com maior profundidade.

O segundo passo admitido implicitamente é que a pessoa que estamos conhecendo é um ser *complexo*. Ela é única, mas não uma única coisa. É um conjunto de coisas que formam um ser único. É uma *totalidade*, o que significa partes inter-relacionadas e integradas compondo o ser que ela é. Ao conhecermos alguém, não pensamos nessas coisas, mas partimos daí, como um pressuposto nosso. A incógnita que é o outro antes de o conhecermos, o *quem é* o outro, nos leva a encará-lo dessa forma; contando que é um todo, complexo e único. É uma pessoa. Também proximamente voltaremos a esse tema para esmiuçar as coisas ou partes que formam esse ser.

O conhecimento do outro se inicia na admissão desses pressupostos. Se um indivíduo procura conhecer alguém sem assumir esses pressupostos, não chegará a conhecê-lo ou quando muito o conhecerá apenas parcialmente. Por outro lado, só a admissão desses pressupostos não é suficiente para se estabelecer quem é o outro. É preciso identificar aquelas características próprias da pessoa, tanto físicas quanto psicológicas, *através das quais reconhecemos o ser dela*. O leigo efetua esses procedimentos e como tal desempenha um papel equivalente àquele desempenhado pelo psicólogo da personalidade. Nesse ponto, temos que esclarecer duas controvérsias que se manifestam no nível da Psicologia. Nosso objeto de estudo é o Homem, representante genérico da espécie ou o homem em sua individualidade?

Alguns autores, como os da linha comportamental, consideram que a singularidade pessoal é preocupação da arte, da História e da biografia e não da ciência. Para esses autores, a Psicologia da Personalidade deve se preocupar com o que é característico de todos os indivíduos, buscando identificar as leis gerais que regem o comportamento de todas as pessoas, atendo-se à objetividade e à mensuração exata, características do método científico. Essa é a concepção *nomotética* de ciência.

Ao contrário desses, outros autores, como Allport, Rogers, Adler etc., enfatizam o fato de que cada pessoa é única e que cada indivíduo deve ser conhecido em sua singularidade. Mesmo reconhecendo o caráter nomotético da ciência, esses autores ressaltam a necessidade de se superar as limitações do método científico. "É dever da ciência esclarecer o que é e não apenas o que é conveniente ou tradicional" (Allport, 1974). Segundo esses autores, a Psicologia da Personalidade visa alcançar a compreensão do que é típico e próprio do indivíduo, que o faz sê-lo como é, e que o torna distinto de todos os demais. Visa à *totalidade singular*. É a concepção *idiográfica*.

A segunda controvérsia, que também tem a ver com a noção de totalidade, se refere à concepção *holística versus* concepção *atomística* do ser humano. Na concepção atomística, o estudo e a compreensão das partes é o bastante para se saber como se comporta o todo. Na concepção holística, a ênfase é na integração e organização única das partes. Cada ser humano é uma *Gestalt* única. Isso equivale a dizer que o todo é mais do que a soma das partes.

As duas controvérsias têm sérias implicações de natureza prática, ética e filosófica e merecerão nossa atenção ao longo deste livro.

Por fim, cabe um último esclarecimento. Até aqui temos falado em pessoa e personalidade e devemos precisar a que se referem esses termos. "O termo *pessoa* designa o indivíduo humano, concreto, exis-

13

tencial. Por outro lado, Personalidade é uma construção científica, elaborada pelo psicólogo, com a finalidade de definir, no nível da teoria científica, a maneira de ser e de funcionar que caracteriza a *pessoa humana*'' (Nuttin, 1969). A personalidade é uma construção teórica, uma abstração ou, se quiserem, uma imagem que procura refletir e expressar genuinamente a realidade precisa e objetiva de cada indivíduo.

Pelo que já foi exposto, deve ter ficado claro o campo de atuação da Psicologia e da Psicologia da Personalidade. Enquanto a primeira tem um interesse vasto e busca compreender e explicar qualquer comportamento humano ou animal, a segunda se interessa pela compreensão e explicação do comportamento, na medida em que se refere a uma pessoa e desta é uma típica e genuína manifestação. No primeiro caso, temos uma visão segmentar e setorial do comportamento, e no segundo, o comportamento como expressão de uma totalidade humana.

I

O PROCESSO DE CONHECER ALGUÉM

CAPÍTULO 1

A COLETA DE DADOS

No ato de conhecer uma pessoa, tanto o leigo como o psicólogo realizam uma série de procedimentos e operações, mediante as quais podem obter os dados necessários para saber quem é essa pessoa. Esse processo compreende três etapas: 1º) a coleta de dados; 2º) sua organização; 3º) sua análise. Vamos dedicar nossa atenção nesses próximos capítulos ao estudo desse processo. Por uma questão didática, estudaremos as duas últimas etapas na ordem inversa em que realmente ocorrem, apreciando a etapa de análise antes da de organização dos dados.

Normalmente o leigo considera que para conhecer alguém é necessário *conviver* com ele. Isso é verdadeiro, mas a rigor não indispensável. De fato, a *condição indispensável* é estabelecer uma *relação* com ele. Também não é imprescindível entrar em contato direto com a pessoa, isto é, interagir com ela, apesar de que o contato interpessoal configure a forma de relação ideal para o referido propósito. Se, por um lado, a relação é a condição para se conhecer alguém, por outro, não é em si mesma a razão de esse conhecimento acontecer; duas pessoas podem estabelecer uma relação entre si, até mesmo íntima, por exemplo, sexual, e ainda assim não estarem em condição de dizer muita coisa um do outro. Para que a relação resulte em conhecimento, certas operações têm que ser realizadas, e estas, sim, nos fornecerão os dados que possibilitarão conhecê-lo.

A operação fundamental para a obtenção dos dados é a *observação;* sem ela, torna-se simplesmente impossível obter qualquer dado de alguém que queiramos conhecer. Poder-se-ia se argumentar que podemos conhecer alguém pelo relato de uma terceira pessoa e que, nesse caso, os dados não procedem obrigatoriamente de uma observação; tal fato seria indicativo de que o que foi afirmado acima não é válido. Essa contestação, contudo, é incorreta, pois os dados que a terceira pessoa possuía foram também obtidos por observação, feita no entanto por ela. Daí poderemos afirmar categoricamente que *sem observação não é possível a coleta de dados.*

Do que foi exposto, deve estar claro que a fonte dos dados é sempre a pessoa que queremos conhecer, um *sujeito*, e que esses dados podem ser colhidos em observações feitas tanto por quem está interessado em conhecê-lo quanto por terceiros, inclusive pelo próprio sujeito da observação. Em face disso, podemos classificar a coleta de dados em dois tipos: 1º) *direta:* quando os dados são obtidos diretamente da observação do sujeito pelo interessado em conhecê-lo; 2º) *indireta:* quando os dados são fornecidos ao interessado através de descrições, caracterizações e relatos orais, escritos ou gravados, feitos pelo sujeito ou por terceiros. Vamos então analisar como o leigo e o cientista se conduzem nas coletas de dados direta e indireta.

A COLETA DIRETA DE DADOS

A metodologia leiga de observação. Frente a uma pessoa desconhecida, o leigo tende a observar seus aspectos mais marcantes e a ter sua atenção voltada principalmente para as características mais relevantes e aparentes, atentando pouco para as outras, menos salientes, mas, às vezes, mais significantes. Face a pessoas diferentes, tende a ser impressionado por distintos aspectos, de modo que a observação de uma pessoa não se iguale à que realiza com uma segunda pessoa. São observações feitas ao sabor do momento. Por não seguir o mesmo método em ambas as observações, não obedecendo aos mesmos aspectos ou às mesmas características, resulta que as conclusões de uma observação não podem ser comparadas com as de outra. Como sua observação é não-planejada, ele não pode perceber, nem avaliar a influência que certos fatores, como o local ou as circunstâncias, tiveram sobre o outro no momento do contato com ele. É diferente conhecer alguém numa festa, na rua ou no trabalho, e a imagem resultante pode estar fortemente marcada por essas circunstâncias. Essa é uma das razões pelas quais o leigo tende a conceber o outro em termos predominantemente *atomísticos* e não *holísticos*. Além do mais, a observação leiga se dá ao sabor das conveniências e interesses do observador. Nesse sentido, ele observa o que lhe interessa observar, não atentando para outros aspectos que podem estar presentes e serem relevantes. O papel e a força do interesse pessoal não se limitam apenas a uma influência seletiva sobre o que é observado, mas, com freqüência, contaminam a percepção, destacando e realçando certas características do outro, rebaixando a importância e até mesmo negando a existência de outras mais. Essa contaminação pode chegar a extremos como o de criar imagens de uma realidade muito desejada e não presente, como acontece nos episódios de miragens.

A observação leiga é em sua maior parte realizada nas condições naturais de vida, ou seja, nas situações cotidianas. A esse tipo de observação dá-se o nome de *observação naturalística*. Nessas circunstâncias, as condições de observação não são controladas, ocorrendo grandes variações quanto ao tempo de duração das amostras, a localização espacial e os padrões de interação. Por outro lado, as condições de quem é observado também são pouco controladas. O simples fato de saber que está sendo observada pode levar uma pessoa a se comportar de uma forma que não corresponda à sua maneira natural e espontânea de ser.

De tudo o que foi exposto, depreende-se que o resultado da observação leiga tende a ser impreciso e pouco confiável. Contudo, é preciso esclarecer que, para os seus propósitos pessoais, o leigo não tem, com freqüência, necessidade de maior rigor e precisão nas suas observações, além da que habitualmente é encontrada. Além disso, o que descrevemos foi um padrão genérico, sendo que há pessoas que não o seguem dessa maneira. Pessoas mais prudentes, que não se deixam influenciar pelas primeiras impressões, que dão um tempo a si próprias para conhecer melhor o outro, procurando observá-lo em situações variadas para identificar suas tendências mais estáveis, certamente estão realizando uma observação mais criteriosa, que muito possivelmente resultará em um conhecimento mais fidedigno. Nesses casos, temos um padrão que começa a se aproximar do padrão científico, realizado pelo psicólogo.

A metodologia científica de observação. A observação proposta em Psicologia procura ser a mais precisa e acurada possível. Para tanto, foram desenvolvidos métodos em que seja possível o controle das inúmeras variáveis que poderiam afetar o ato da observação e com isso levar a resultados incompletos, distorcidos ou mesmo falsos. O controle e a manipulação experimental dessas variáveis permitem identificar os efeitos espúrios que elas podem estar causando no comportamento do outro, e com isso ficamos em condição de ter uma idéia do comportamento típico daquele, abstraindo-se ou descontando-se tais efeitos. Tomemos a variável *tempo* como exemplo. Ela pode influir na observação de várias maneiras. Se observarmos por pouco tempo, poucos dados serão coletados. Se a observação durar longo tempo, por cansaço, pode haver alteração na capacidade de observação do observador, ou modificações na conduta de quem está sendo observado. Daí porque ela tem que ser controlada, até determinar-se o tempo ótimo que concilie os interesses do observador com o estado de quem está sendo observado. Também o *local* onde se realiza a observação tem que ser controlado a fim de se detectar os possíveis efeitos que ele possa estar exercendo no comportamento de ambos no momento da observação. O *clima* existente entre observador e sujeito, a consciência do sujeito estar sendo observado, as características pessoais de ambos (sexo, idade, aspecto físico etc.) são variáveis que necessitam ser controladas, ou seja, terem seus possíveis efeitos identificados e neutralizados. Com uma observação bem planejada, corretamente sistematizada, estaremos em condições de assegurar que determinadas características que o outro tenha revelado são peculiares a ele e não produto de uma influência momentânea. Identificamos os padrões e tendências comportamentais próprios àquela pessoa, livres das influências ocasionais. Por ter um *método* definido e testado, o psicólogo pode ficar seguro dos resultados de suas observações e confrontá-los com os de outros psicólogos.

Para desenvolver esse método, devemos identificar o conjunto de variáveis que intervêm no processo de observação, influenciando direta ou indiretamente o seu resultado. Essas variáveis podem ser classificadas em termos de: 1?) variáveis relativas ao observador; 2?) variáveis relativas a quem é observado; 3?) variáveis relativas à situação de observação. Reconhecendo o papel de cada uma das variáveis no resultado da observação, ficamos em condição de introduzir uma série de modificações visando corrigir os efeitos indesejáveis que elas possam causar ao processo.

Variáveis relativas ao observador. Em primeiro lugar, devemos apontar a sua capacidade de observação. Estamos nos referindo a certas habilidades e disposições como a de atenção-dispersão, a integridade dos mecanismos senso-perceptivos etc. Em segundo, devemos mencionar a experiência em observação. Uma pessoa com pouca experiência em observação, em qualquer área, facilmente deixa de notar certas nuances ou pequenas variações nos estímulos apresentados, observando apenas os estímulos mais intensos. Nesse particular, ela se comporta como o leigo. A prática em observação permite que o indivíduo desenvolva suas capacidades, tornando-o mais apto a dirigir sua atenção a estímulos de variadas intensidades. Como pode ser notado, há uma relação entre experiência anterior e a diferenciação de uma capacidade. Em terceiro, é preciso considerar o estado emocional e físico do observador. Diferenças significativas podem surgir, se a observação for feita quando o observador está tenso, cansado e sonolento, ou calmo, desperto e disposto. Em quarto, é preciso considerar o grau e o tipo de motivação do observador quanto a e no momento da observação. É sabido de todos como o grau de interesse ou desinteresse afeta o desempenho de uma tarefa, e isso se aplica também à observação. Em quinto, deve se atentar para os objetivos e finalidades da observação. Em função do objetivo, certos aspectos passam a ter mais relevância do que outros, devendo logicamente receber maior atenção. É preciso considerar também o fato de o observador estar evidente ou não, na situação de observação. É necessário saber quando o estar evidente ou não tem efeitos positivos ou adversos para a observação. Os exemplos da observação furtiva do espião ou do detetive particular seguindo sua vítima ilustram bem o papel desse fator. Finalmente, é necessário levar em conta o fato de o observador estar em interação com o sujeito ou ter apenas a função de observação. No primeiro caso, fala-se em *observação participante*, e o exemplo clássico é o da entrevista pessoal, em que o psicólogo ou pesquisador, além de observar o sujeito, interage verbalmente com ele. Existem, evidentemente, outras formas de observação participante que não assumem a forma de entrevista pessoal, como nos casos de exame de motorista. A observação participante implica grande possibilidade de ocorrência de vários efeitos indesejáveis sobre o sujeito. Dentre eles, destaca-se o *efeito expectativa*, criado pelas expectativas do observador. Está demonstrado que a expectativa de um dado resultado, por parte do observador, provoca efeitos sutis nos resultados obtidos. No segundo caso, fala-se em *observação não participante*, em que o observador se encontra oculto, por exemplo, atrás de um espelho unidirecional, ou então se vale de recursos audiovisuais como o videoteipe e a TV. Nesses casos, o sujeito pode estar ciente ou não de estar sendo observado. Os efeitos por conta do observador são muito limitados. O que já não se pode dizer dos efeitos por conta do sujeito, quando se sabe que está sendo observado por um observador oculto.

Variáveis relativas a quem é observado. No que tange a quem é observado, devemos destacar inicialmente o fato de ele ter ou não consciência de estar sendo observado. A consciência de estar sendo observado pode tanto inibir quanto ativar quem está sendo observado, conforme a situação e o significado que a observação tenha para ele. Um segundo fator, relacionado com o primeiro, diz respeito à percepção da presença do observador. Também aqui as possibilidades são variáveis, segundo o sentido da observação, podendo ter conseqüências favoráveis ou desfavoráveis para o seu resultado. Em terceiro lugar, é necessário abordar a finalidade da observação para quem está sendo observado, e o significado que isso tem para ele. Nesses casos, obviamente, o sujeito está ciente de sua observação.

Variáveis relativas à situação de observação. De início, devemos discriminar entre as observações naturalísticas, as observações em laboratório e as observações planejadas (Wiggins, 1973).

As observações naturalísticas podem ser *imediatas* quando a observação se dá *in situ*, livre de qualquer artifício constrangedor, como os antropólogos e etólogos as realizam, em campo. São observações pré-programadas, onde o observador não controla o comportamento, mas tem controle sobre os aspectos do comportamento que lhe interessam, ganhando-se com isso em realismo. O comportamento é gravado à medida que ele ocorre, não ficando sujeito às oscilações da memória. O outro tipo é a observação *retrospectiva*. Difere da primeira pelo fato de não ser pré-programada. O observador deve então rememorizar ou reconstituir as amostras da observação que lhe forem solicitadas (Wiggins, 1973).

As observações em laboratório permitem ao observador ter controle tanto sobre os estímulos ambientais quanto das possíveis respostas. São também observações pré-programadas. Seus resultados são muito fidedignos, mas contra si tem o caráter artificial ou atípico da situação (Wiggins, 1973).

As observações planejadas procuram combinar o controle rigoroso das observação em laboratório com a atmosfera natural das situações cotidianas. Possuem alto grau de realismo e de experimentação. O observador aborda o sujeito em uma situação natural, por exemplo, em uma fila de ônibus, e estabelece uma interação com ele, pré-programada, sem que o sujeito saiba que está sendo observado ou investigado. As grandes restrições a esse tipo de observação são de natureza ética e relativas à segurança dos dados obtidos (Wiggins, 1973).

Identificadas as inúmeras variáveis que podem interferir no processo de observação, torna-se viável estabelecer uma série de procedimentos visando corrigir os efeitos gerados por elas. Assim, medidas como o treino do observador, a simplificação e focalização do que será observado, o controle da presença do observador, o uso de recursos audiovisuais etc. têm sido recomendados e utilizados para tais fins (McClelland, 1951). Consideremos a título de exemplo o treino supervisionado do observador. Através desse treino, ele não só aprende a observar mais e com mais eficiência, como pode saber se o seu estado físico e emocional o afeta no ato da observação. Aprenderá ainda a lidar com as influências que sua presença poderá provocar em quem está sendo observado. Em síntese, adquirirá experiência e maior saber em observação.

Feitas essas discriminações entre a metodologia leiga e a científica quanto à observação, surge a questão do que deve ser observado.

O que deve ser observado? A resposta é mais ou menos óbvia: *o comportamento*. Ele é a nossa unidade de estudo quando queremos conhecer o outro. Mas por que o comportamento? Houve um período da história da Psicologia em que essa buscou estudar o psiquismo. Ora, o psiquismo não é passível de observação direta. Não há como entrar em contato direto com o pensamento, a memória ou o sentimento de alguém, para se saber a respeito destes e demais processos psíquicos. Presumimos a existência deles e com isso sentimos a necessidade de conhecê-los. Se não podemos ter um contato direto com eles, temos que buscar as vias de acesso a eles, mesmo que indiretas. A via proposta tem sido o comportamento. O que justifica essa proposta?

O comportamento é o que direta e objetivamente podemos observar e por essa razão ele preenche o requisito básico para o nosso propósito. Mas o que realmente constitui a sua justificação é a crença de que ele seja a expressão fidedigna dos referidos processos psíquicos, pressuposto que tem se revelado válido. Contudo, antes de continuar a análise da *natureza expressiva* do comportamento, precisamos fazer um parêntese e definir com clareza o que estamos chamando de comportamento.

Para Nuttin (1969), comportamento refere-se à "resposta *significativa* que um ser psíquico dá a uma situação que tem também um *sentido*". Para Morgan (1977), o comportamento deve ser entendido como "as *respostas* de uma pessoa ou de um animal diante de uma *situação*. Tais respostas são quaisquer movimentos que a pessoa faz e que possam ser observados ou registrados, onde se incluem as respostas verbais, escritas e orais".

Podemos notar que em ambas as conceituações a noção de comportamento se refere a *respostas a uma situação*. Cabe ressalvar que o termo situação pode se referir tanto a condições internas como externas à pessoa. As condições internas podem ser de natureza fisiológica ou psíquica. Alguns autores enfatizam as condições internas como as mais significativas, para se entender qualquer comportamento. Esses autores partem do princípio de que o Homem é *autodeterminado*. Em contrapartida, outros autores, como os comportamentais, partem do pressuposto de que todo comportamento é resposta a condições externas e para eles o Homem é um ser *reativo*. Ambas as posturas são teoricamente corretas e têm se revelado válidas na prática. Uma das razões desse problema tem sido a dificuldade de equacionar quando uma condição pode ser considerada mais válida ou mais importante do que a outra. Por não conseguirmos, com freqüência, estabelecer de modo inequívoco qual delas é mais significativa em um dado comportamento, acabamos aderindo rigidamente a uma das posições.

Mas há razões mais sérias, de ordem filosófica, para essa controvérsia, e dizem respeito às diferenças de concepção do que seja o ser humano. Questões relativas a se o Homem é autodeterminado ou produto do meio, se é livre ou não para escolher seu destino etc. estão subentendidas nessa controvérsia e ainda não temos respostas definitivas para elas. Por último, há uma diferença no conceito de ciência, inclusive aquela de ter a ciência um caráter idiográfico ou nomotético, já referida no capítulo anterior. Assim, para alguns autores, o que interessa é o que pode ser objetivamente observado, e as condições externas o são. Tudo o que é inferido depende do estado subjetivo de quem infere e não tem como ser posto à prova para saber se a inferência está correta ou não. Outros autores, contudo, mesmo concordando em parte com tais argumentos, consideram que essa forma de ciência não leva a conhecer realmente o Homem, mas apenas os aspectos secundários do seu ser. Os primeiros consideram irrelevante saber o significado que o comportamento tem para a pessoa. A eles interessa apenas conhecer o que determina o comportamento e daí manipulá-lo. Os segundos objetam que essa forma de ciência pode ser precisa, mas não é para o Homem e nem revela sua humanidade.

O homem é um ser extremamente complexo, que nem sempre pode ser considerado em sua objetividade. Quando se procura conhecê-lo, enquanto ser sensível, dotado de emoções e sentimentos que contam em sua vida, com freqüência com peso maior do que seu intelecto e sua racionalidade, torna-se claro que ele tem que ser abordado de uma forma diferente daquela com que se aborda um átomo, uma célula ou um algarismo. É preciso levar em conta a sua sensibilidade e subjetividade nas situações em que elas estejam desempenhando um papel significativo na sua conduta. Essa é a pretensão da Psicologia que valoriza a compreensão da humanidade do homem. Outros autores, contudo, não pensando assim, propõem um projeto de Psicologia em que o homem é um ente como qualquer outro da natureza; a sua humanidade não é concernente à ciência. Estamos, pois, frente a dois projetos de ciência para a Psicologia, e, a nosso ver, o verdadeiro impasse é: quando é imprescindível compreender o homem, levando-se em conta a sua humanidade, e quando tal fato não é imprescindível? Quando pode ele ser lidado, e talvez até manipulado, sem que isso implique desrespeito à sua integridade ou desumanização?

Julgamos necessário tecer essas considerações, pois vínhamos dissertando sobre o que deve ser observado, e comentamos sobre a natureza expressiva do comportamento. Com isso, cada leitor pode estar em melhor condição para atribuir um grau de importância maior ou menor, conforme lhe pareça mais correto, nesse tópico que passaremos a analisar.

Quando falamos em expressividade, queremos dizer que o comportamento é a resultante da atividade simultânea dos inúmeros processos psíquicos, uma tradução deles. Isso é uma questão de princípios. Observar o comportamento, nesse sentido, é captar a sua linguagem, o que ele está expressando a respeito do sujeito que o emitiu. Nessa posição, estamos, pois, assumindo que o comportamento nas suas variadas formas de ocorrência (verbal, motora etc.) reflete fidedignamente o que se passa no mundo interno do sujeito. Ele expressa o significado que a experiência tem para o indivíduo.

Allport (1974) situou muito bem a questão da expressividade comportamental, distinguindo três sentidos em que a palavra expressão pode ser usada: 1º) de uma forma direta e deliberada, onde as pessoas indicam o que se passa com elas; 2º) em sentido mais restrito, pode ser usada para se referir às modificações fisiológicas causadas por uma emoção como rubor; 3º) para se referir à maneira ou estilo pessoal de cada um se comportar. Este último sentido é o que mais interesse tem para nós.

Além disso, Allport observa que em cada ato dois aspectos estão envolvidos: um *instrumental* e outro *expressivo*. Caracteriza o instrumental como sendo intencional, especificamente motivado, determinado pelas necessidades do momento, consciente, às vezes automático e mais facilmente controlável. Ele diz respeito ao *conteúdo* de um comportamento. Ao escrever a um amigo comunicando-lhe o meu propósito de ir pescar no fim de semana, estou manifestando esse aspecto de comportamento. Normalmente, prestamos mais atenção ao aspecto instrumental do comportamento, já que, como veremos adiante, é ele quem nos informa sobre as *intenções* e *finalidades* do mesmo.

Por sua vez, o aspecto expressivo nos revela o *estilo pessoal* de ser, o modo particular de cada um fazer e agir. Duas pessoas que lêem o mesmo texto o fazem diferentemente. Nas artes, esse aspecto é enfatizado ao máximo.

Em nosso mundo tecnológico, há uma ênfase no desenvolvimento do aspecto instrumental em detrimento do estilo pessoal de fazer e produzir. O aperto de parafuso em uma fábrica deve ser, se possível, idêntico para todos os operários.

Por prestar mais atenção ao aspecto instrumental, o leigo perde uma série de dados próprios do sujeito, que somente são evidenciados pelo aspecto expressivo. O psicólogo, ao contrário, tem que observar atentamente ambos os aspectos.

A expressividade comportamental se altera com a idade. Enquanto a criança é cheia de espontaneidade e manifesta o tempo todo o seu modo próprio de ser, o adulto tende a se tornar estereotipado. "Na criança a expressividade é difusa e generalizada, estando presente em quase todos os movimentos. À medida que amadurecemos, a expressividade tende a se reduzir a regiões limitadas de nosso corpo" (Allport, 1974). Isso tem algumas conseqüências práticas: 1º) a pesquisa da expressividade pessoal deve ser sistemática e o mais abrangente possível, pois um indicador típico em uma pessoa, por exemplo, os olhos, pode ser inexpressivo em outra; 2º) os papéis sociais tendem a limitar a expressão do que é típico, o que reforça o que foi dito no item anterior.

Outra consideração importante feita por Allport se refere à consistência dos movimentos expressivos, isto é, até que ponto são duradouros e típicos da pessoa. Ele propõe um pequeno experimento que esclarece plenamente a questão. Pedimos aos sujeitos, munidos de uma folha de papel, que façam suas assinaturas ou rubricas em três linhas distintas. Em uma quarta linha, pede-se que façam deliberadamente uma cópia exata do que escreveram anteriormente. Veremos que as primeiras são parecidas entre si, enquanto a última difere delas.

Esses dados evidenciam a adequação de se eleger o comportamento como unidade de estudo do outro, pois ele revela os conteúdos emocionais próprios daquele, a cada momento; além do mais, informa-nos a maneira típica de ser dele. "Os comportamentos de uma pessoa não constituem uma série de elementos ou de fenômenos justapostos e variáveis ao acaso, mas se situam no interior de um esquema bastante estável e consistente, que dá a esse comportamento uma certa unidade e continuidade de significação" (Nuttin, 1969). Nesse nível, estamos analisando não só a justificativa da eleição do comportamento como unidade de estudo, mas também começando a definir *o que observar no comportamento*.

O que observar no comportamento? Comentamos que o leigo tende a se ater ao aspecto instrumental (conteúdo), enquanto o psicólogo procura ater-se a ambos (forma e conteúdo). Por essa razão, o leigo perde informações sobre o outro, ao contrário do psicólogo. Porém, essa não é a única diferença quanto ao que eles observam. Há uma imperiosa necessidade de se definir com precisão no que consiste o comportamento observado. Se esta exigência não for respeitada, estaremos dando margem a possíveis mal-entendidos quanto ao comportamento que realmente aconteceu. Temos, pois, que explicitar o comportamento observado, ou seja, caracterizar *o que* é o comportamento em questão. Se alguém nos diz: "João morreu de culpa após brigar com o filho", temos que esclarecer no que consiste realmente "João morrer de culpa". Poderá ser que: 1º) após brigar com o filho, João passou a ter freqüentes sentimentos de culpa; ou 2º) João teve um intenso e profundo sentimento de culpa. A explicitação do *o que é* algo leva-nos a buscar a identidade deste algo, seja este objeto ou fenômeno. Em outras palavras, apreender precisamente a realidade definitiva daquele algo. Em nosso caso, podemos alcançar esse nível de conhecimento investigando os *determinantes* do comportamento. Nesse sentido, o primeiro fator a ser observado se refere ao *como é* o comportamento em estudo. No nosso exemplo, temos que caracterizar "como João morre de culpa". No primeiro e no segundo caso, os sentimentos de culpa podem estar sendo expressos por gestos lentos e pesados, face melancólica, frases autodepreciativas etc. Caracterizar essas manifestações nos revela aspectos próprios de João. Do mesmo modo, o *como é* da briga tem que ser caracterizado. Explicitar no que consiste realmente "brigar" nos indicará uma série de dados a respeito do fato.

O segundo fator determinante se refere ao *quanto* daquele comportamento, isto é, a *intensidade* e a *freqüência* do estado emocional expresso pelo comportamento. Se João se manifesta apático, recusando alimentação, descuidando-se totalmente dos hábitos higiênicos, estará nos indicando que o fenômeno emocional que o acomete é bem mais intenso do que se ele disser simplesmente que está aborrecido pela briga.

O terceiro fator diz respeito ao *quando é* do comportamento, isto é, traduz o *momento* de sua ocorrência e situa no tempo a existência do comportamento.

O quarto fator se refere ao *onde é* que o comportamento se dá. Por esse tópico, correlacionamos espacialmente o comportamento, isto é, identificamos o local e as circunstâncias onde ele ocorre.

Nossa observação estará incompleta se não estabelecermos o *porque é* do comportamento. Este se refere às suas causas e por ele procuramos reconhecer as razões imprescindíveis para que o comportamento aconteça.

E finalmente temos que considerar o *para que é* do comportamento. Esse tópico nos indica a finalidade, propósito ou objetivo do comportamento. O *porquê* e o *para que* são considerados os *motivos* do comportamento. Observamos com freqüência que na análise de um comportamento o leigo tende a buscar imediatamente a sua causa, dando pouca atenção aos demais fatores. Isso significa que o leigo atribui maior importância à causa do que aos demais determinantes do comportamento, o que é fonte de erro. Com os dados

27

obtidos desta forma, estaremos em condição de compreender a existência do comportamento em questão, o que nos leva ao próximo passo.

Quais comportamentos observar? Já sabemos que, conhecendo um comportamento do outro, estamos conhecendo parte do outro. Nosso objetivo é conhecer o outro por inteiro. Para tanto, precisamos observar não um comportamento, mas um conjunto de comportamentos que expressem aquelas características peculiares a quem pretendemos conhecer. Como fazê-lo? Que comportamentos devem ser estudados, para se ter uma imagem precisa e completa do outro?

Em princípio, devemos considerar que, quanto maior o número de comportamentos a serem observados, maior probabilidade de melhor conhecermos o outro. Como não podemos observar todos os comportamentos, trabalhamos com amostras. Mas esse aspecto quantitativo não é, por si só, um bom critério. A ele deve-se associar outro, de natureza qualitativa, ou seja: quanto mais típicas e habituais forem as amostras de comportamentos observados, mais provavelmente seremos capazes de conhecer o outro através delas. Para conhecer alguém, devemos identificar aqueles comportamentos próprios, habituais e singulares da pessoa em estudo. Daí porque procuramos deixar claro nos primeiros capítulos que o estudo da personalidade busca definir *o que é típico e distintivo* em uma pessoa, isto é, *quem ela é e quem ela não é.* Isso significa que devemos observar as inúmeras particularidades e caracteres pessoais, como relacionados a seguir. A atenção a estes permitirá a identificação e compreensão do que é típico no outro.

Normalmente, o primeiro ponto a ser levado em conta no processo de conhecer o outro é considerar seu *aspecto e suas particularidades físicas.* A observação dessas características não só nos revela de imediato aspectos manifestos próprios da outra pessoa como também nos permite inferir outros tantos aspectos não manifestos, mas igualmente importantes ou típicos. Atentamos para o sexo, altura, cor de olhos e pele etc. Podemos também descobrir o tipo de trabalho, local de origem, classe social, doenças etc., a partir de certas evidências físicas ou da forma de apresentação. Observamos os gestos, movimentos e postura física, completando a imagem *física e social* da pessoa e iniciando sua imagem psicológica, a qual vai se completando através de outras observações que nos darão as informações complementares indispensáveis a respeito de:

    a) *gostos, interesses* e *preferências;*

    b) manisfestações de *atitudes, hábitos, tendências* e *padrões de reação típicos;*

c) expressão de *motivos* e *necessidades* próprias, básicas ou não, bem como dos *ideais* e *expectativas,* já realizados ou por realizar;

d) *faculdades, capacidades, habilidades* e *aptidões;*

e) *estabilidade dessas características* ao longo do tempo, bem como as *mudanças* pelas quais tem passado, com ou sem alteração da identidade da pessoa.

A partir dessa pesquisa, sem dúvida teremos dados fundamentais a respeito do outro. Mas serão esses dados suficientes para se conhecer o outro? É possível que sim, mas, com freqüência, tanto o leigo como o cientista procuram aumentar a amostra de dados disponíveis, lançando mão de outros recursos que não apenas a observação pessoal. Esses recursos se referem a consultas a terceiros ou ao próprio sujeito a respeito de comportamentos que são próprios deste último. Isso caracteriza a coleta indireta de dados.

A COLETA INDIRETA DOS DADOS

Nesse tipo de coleta, o próprio sujeito ou terceiros é que realizam a observação, isto é, eles efetuam a coleta direta dos dados. De posse deles, o sujeito ou terceiros os transformam em registro escrito, gravado ou comunicado oralmente ao interessado. Esse registro pode ser uma descrição, uma codificação ou uma interpretação do que foi observado. O que o interessado (isto é, aquele que procura conhecer o outro) recebe não são os dados em primeira mão, como acontece no caso de uma coleta direta feita por ele mesmo, mas os dados colhidos e elaborados por outros.

A coleta indireta é realizada tanto pelo leigo quanto pelo psicólogo e atende à necessidade de se ter dados sobre alguém quando não foi possível obtê-los por uma coleta direta ou, então, para enriquecer e complementar os dados obtidos anteriormente através desta.

Assim, quando o leigo em conversa com uma pessoa fica sabendo dela, que ela é desse ou daquele jeito, que em tal ou qual situação ela age de uma dada maneira ou que não consegue realizar determinado ato, ele está coletando dados dessa pessoa, indiretamente. Note-se que o termo indireto é aplicado nessa situação pelo fato de o interessado ter recebido a informação da pessoa e por meio dela ficar sabendo de determinadas características dela, mesmo não tendo observado-a manifestar tais características. Do mesmo modo, quando o leigo ouve de terceiros comentários sobre as atitudes de alguém, de novo está coletando dados indiretamente, já que estes são frutos de informações de terceiros e não de sua própria observação.

A observação realizada pelo sujeito, como a empreendida por terceiros, apresenta as mesmas características da observação leiga, descrita anteriormente, isto é, são observações também de leigos. Por isso mesmo, os resultados obtidos nessas observações tendem a ser igualmente pouco precisos. Além disso, há que se considerar que esses dados passam por uma elaboração pessoal para serem comunicados ao interessado. Isso significa uma alta probabilidade de contaminação deles por elementos afetivos e subjetivos dessas pessoas, fazendo com que a informação dada nem sempre corresponda à realidade dos fatos. E, para completar, o leigo que está recebendo tais informações pode, por sua parte, entendê-las distorcidamente, em razão da atuação de sua própria subjetividade. Vemos, então, que na coleta indireta dos dados feita pelo leigo, além das possíveis distorções advindas da observação em si, existem duas outras fontes de possíveis distorções e equívocos, o que torna o resultado final pouco confiável. Para os propósitos científicos, os dados assim colhidos são de valor e utilidade muito limitados, daí falarmos em pouco *confiáveis*. Para atender à exigência científica de precisão e certeza, torna-se necessário aperfeiçoar esse processo em cada um de seus passos, de modo a corresponder satisfatoriamente ao seu papel.

Na elaboração pessoal dos dados que o sujeito ou terceiros fazem, temos que atentar para certos aspectos que são essencialmente relativos à linguagem usada para comunicar a informação. Por exemplo, se desejo saber se fulano é agressivo, e pergunto isso ao seu vizinho, posso ter três respostas: sim, não e não sei. Contudo, qualquer que tenha sido a resposta, na realidade não posso ter certeza de que minha questão esteja esclarecida. É preciso que, antes, o termo "agressivo" por mim empregado seja claramente definido de modo que tenha para o vizinho o mesmo sentido com que eu o empreguei. É necessário, então, que o vizinho entenda exatamente o que eu quero saber. Supondo que essa exigência tenha sido cumprida, é preciso considerar o tipo de resposta que me foi dada. Também aqui é preciso que haja uniformidade nos termos das respostas, de forma que o que eu tenha entendido de sua resposta seja realmente a mesma coisa que ele tenha pretendido me comunicar. Assim, em linhas gerais, nos casos de coleta indireta, para se chegar à certeza é preciso: 1º) que o sujeito possa ter a informação que precisamos; 2º) que ele saiba com clareza qual é essa informação; 3º) que ele comunique essa informação; 4º) que essa informação tenha um sentido preciso e inequívoco; 5º) que, após recebida, a informação seja ponderada.

O leitor poderá notar que tanto no caso da coleta direta quanto da indireta, para que elas tenham um caráter científico, é imprescindível que passem por uma *sistematização,* o que vai resultar no desenvolvimento de vários instrumentos, métodos e técnicas de coleta de dados.

A sistematização dos procedimentos de coleta de dados. A expressão *teste psicológico* já é de domínio público e quase todos têm uma idéia de que se trata de um instrumento de que o psicólogo se vale para obter um determinado conhecimento de alguém. Contudo, não deve estar claro para o leigo como um teste é construído, quais as suas características, que tipos de informações ele pode revelar etc. Neste capítulo, vamos abordar as questões relativas à sistematização dos procedimentos de coleta, sem entrarmos no estudo particularizado dos vários tipos de métodos e técnicas de avaliação pessoal, o que será assunto de capítulo posterior.

Inicialmente, devemos deixar claro o sentido da palavra "teste" e para tal vamos apresentar algumas definições de autores consagrados nessa área:

> "É um procedimento sistemático para observar o comportamento de uma pessoa e descrevê-lo com a ajuda de uma escala numérica ou um sistema de categorização" (Cronbach, 1970).
> "Um teste psicológico é, fundamentalmente, uma medida objetiva e padronizada de uma amostra do comportamento... A função dos testes psicológicos é medir diferenças entre indivíduos ou entre as reações de um mesmo indivíduo em diferentes ocasiões" (Anastasi, 1977).
> "...situação experimental padronizada, que serve de estímulo a um comportamento. Tal comportamento se avalia por uma comparação estatística com o de outros indivíduos colocados na mesma situação, o que permite classificar o sujeito examinado, seja quantitativamente, seja tipologicamente" (Pichot, 1976).

Podemos observar que os três autores se referem a: 1?) procedimentos padronizados e 2?) para medir ou avaliar comportamentos.

Pela padronização, uma medida cujo valor por si só não representa nada passa a ter sentido. De que vale saber que João gasta cinco segundos para colocar um tipo de linha em uma dada agulha, sem apoiar os braços, se não dispomos da informação de que, nessa mesma situação, a maioria dos homens gasta, em média, trinta segundos para realizar a mesma tarefa? Contudo, a principal função da padronização consiste em assegurar o controle das inúmeras variáveis que se manifestam na aplicação e avaliação do teste, permitindo-nos a certeza de que necessitamos e de que falamos na seção anterior.

O termo "padronização" pode ser usado tanto para a uniformização dos procedimentos de aplicação quanto de avaliação de um teste. Nesses casos, abrange as detalhadas instruções para a utilização deles, especificando os materiais empregados, limites de tempo, modos de responder etc. (Anastasi, 1977). "Cada condição que afeta a performance precisa ser especificada, se o teste pretende ser verdadeiramente padronizado" (Cronbach, 1970).

Esse rigor quanto à uniformização dos procedimentos é que permite a replicação de um teste, isto é, que outro pesquisador, em outro lugar, repita a aplicação dos testes nas mesmas condições, para confirmar os resultados ou não. Em caso positivo, comprova a aplicação original; em caso negativo, exige que se façam novas investigações para explicar a diferença de resultados. Com freqüência, esta se deve a uma variável que não fora identificada em uma das aplicações do teste e que precisa ser isolada e ter definido o valor do seu efeito. Em resumo, ser controlada.

Esses fatos nos remetem ao estudo de dois outros atributos dos testes psicológicos, além, é claro, da padronização, que são a fidedignidade e a validade deles.

A que se refere o termo "fidedignidade (ou precisão) de um teste"? Comentamos anteriormente que, em princípio, quanto maior o número de comportamentos observados, maior a probabilidade de conhecermos bem o outro, mas que, além disso, tais comportamentos deveriam ser os mais típicos e habituais àquela pessoa. Em termos práticos, isso significa que teremos que trabalhar com amostras do comportamento do outro, já que normalmente é inviável, quando não impossível, observar a totalidade de seus comportamentos. O fato de termos que trabalhar com amostras do comportamento gera o problema de se saber se tal amostra é *representativa* dos padrões de comportamentos próprios e singulares daquela pessoa. Esse fato impõe que apenas as amostras representativas podem ser consideradas. A precisão diz respeito à representatividade da amostra de comportamento submetida ao teste, ou seja, refere-se ao grau de certeza e confiabilidade dos seus resultados, o que pode ser ilustrado pelo seguinte exemplo: o relógio fidedigno é aquele que marca 15 horas, quando "realmente" são 15 horas. Já a validade de um teste se refere à propriedade de ele medir aquilo que se propõe medir. A validade de um relógio se refere à capacidade de medir o tempo. A validade de um teste de timidez se refere a ele ser capaz de realmente estimar a timidez das pessoas.

Como se estabelece a validade de um teste? Através de uma correlação com uma outra variável, independente, mas ligada àquela que o teste se propõe medir.

A noção de validade é, com freqüência, muito relativa. Um relógio pode ser válido para medir horas e minutos e não sê-lo para medir segundos. Normalmente então a noção ou critério de validade, para ter sentido prático, deve estar restrito a certos objetivos específicos que o teste se propõe medir. Isso significa que existem vários tipos de validade.

Em vista do que expusemos até aqui, fica claro que o que confere o caráter científico aos procedimentos técnicos de coleta de dados (testes) são os atributos de padronização, fidedignidade e validade. Essas três características diferenciam a metodologia científica da metodologia leiga.

CAPÍTULO 2

ORGANIZAÇÃO E ANÁLISE DOS DADOS

A ANÁLISE DOS DADOS

A segunda operação básica para se conhecer o outro é a interpretação. Ter dados disponíveis mas não interpretá-los resulta em um conjunto de informações inúteis. Neste capítulo dirigiremos nossa atenção à etapa de análise dos dados, o que implica essencialmente interpretação. Na prática, antes de efetuarmos a análise dos dados — ou, pelo menos, concomitantemente — devemos organizá-los. Como mencionamos anteriormente, por uma questão didática, abordaremos primeiro a etapa de análise dos dados, após o que, focalizaremos a etapa de sua organização.

A interpretação consiste basicamente em se ordenar e encontrar sentido nos dados que dispomos, de modo a resultar uma imagem do outro, tão precisa e fidedigna quanto possível.

Se a forma popular de interpretar pode ser tão eficiente que leve a conhecer realmente o outro, por que não nos decidimos a usá-la simplesmente? Quais as suas limitações? Por que a interpretação científica é superior?

O fato de, através dessa forma popular, alguém ser capaz de interpretar o outro profunda e extensamente não significa que funcione igualmente bem, pelo menos em larga escala, para todas as pessoas, em todas as situações. Na realidade, não se trata de uma única forma, mas de várias, já que cada pessoa o faz à sua maneira. É, portanto, uma forma individual, pessoal e não organizada.

Já analisamos as diferenças que existem na coleta de dados pelo leigo e pelo psicólogo. A questão que ora se coloca é como o leigo e o psicólogo interpretam os dados de que dispõem. O leitor pode antecipar que pelo fato de o leigo, com freqüência, fazer uma coleta de dados não criteriosa, sua interpretação destes provavelmente será deficiente ou distorcida. Do mesmo modo, o psicólogo, por fazer uma coleta de dados criteriosa, já se encontra em posição de vantagem para conhecer a realidade dos fatos que os dados expressam.

33

Além dessas razões, outras se somam para tornar a interpretação popular incorreta. Destas, algumas se sobressaem: 1º) ela está muito ao sabor das conveniências e desejos do observador, isto é, de conformidade com seu estado emocional do momento; 2º) o leigo não atenta para incoerências e contradições nas várias interpretações que faz de uma pessoa, satisfazendo-se com explicações simplistas, sem efetuar novas verificações para confirmar suas suposições; 3º) ela tende a ser esquemática, ou seja, o leigo parte de um esquema de idéias preestabelecidas para a realidade, em vez do oposto; 4º) não pode com freqüência ser testada por outros observadores, isto é, não pode ser submetida à prova, já que as condições em que foram obtidas não podem ser reproduzidas.

Já a interpretação científica tende à correção, à medida que respeita as seguintes condições: 1º) está articulada com outras interpretações, formando um sistema coerente e estruturado, derivado da realidade; 2º) pode ser submetida à prova, do ponto de vista lógico; 3º) sua validade é reconhecida em função de sua utilidade; 4º) é impessoal, isto é, outro observador, nas mesmas condições, chega à mesma conclusão.

Um outro ponto em que a posição leiga e a científica diferem diz respeito à comunicação da interpretação, isto é, ao tipo de linguagem usada para a descrição do outro. Uma informação do tipo "João tem mania de grandeza" pode receber inúmeras interpretações e talvez nenhuma delas venha a ser a que o autor da informação realmente pretendesse dar. A forma popular de interpretar não prima pela precisão lingüística, ao contrário da científica. Esta tem o cuidado de definir cada termo, expressão ou conceito que usa de modo que qualquer leitor entenderá sempre a mesma coisa. Mencionamos que a interpretação popular tende a ser esquemática, enquanto a científica implica articulação das várias interpretações entre si, formando um sistema coerente. Com isso, queremos dizer que a interpretação é por si um *ato teórico*, que leva ao desenvolvimento de um corpo teórico, isto é, à formação de uma *teoria*. Daí concluir-se que a forma popular de conhecer o outro resulta não em uma teoria, mas em tantas teorias quantas são as pessoas, teorias estas geralmente incoerentes ou inconsistentes.

Quando João diz "todo baixinho é complexado" e que por isso "todo baixinho é chato", mesmo sem sabê-lo, João está teorizando. Isso se dá também com todos nós quando explicamos o comportamento dos outros seguindo certas premissas. Todos nós teorizamos a respeito de quem são os outros. Também o psicólogo teoriza quando interpreta que o "reforço positivo aumenta a freqüência de ocorrência de um dado comportamento".

Deve estar agora bem claro para o leitor a distinção que fizemos na primeira unidade, entre Pessoa e Personalidade: esta é uma construção *teórica* acerca daquela.

Neste momento, torna-se necessário esclarecer no que consiste uma teoria, quais as suas funções e como avaliá-la.

O primeiro aspecto a se ter em mente para se compreender o que é uma teoria é saber que *toda teoria consiste numa ordenação ou sistematização.* Toda vez que dispomos de uma série de dados, observações ou conhecimentos e procuramos dispô-los numa seqüência mais prática, mais simples ou mais lógica, estamos cumprindo esse primeiro passo na formação de uma teoria: dar ordem ao que está confuso, desordenado ou simplesmente não *correlacionado.* Estabelecer ordem entre certos dados é criar algum tipo de *relação* entre esses dados. *Toda teoria, portanto, implica estabelecimento de relações.* Mas relação entre o quê? *Relação de idéias,* decorrentes dos eventos observados; melhor dizendo, *relação de eventos através de uma ou várias idéias.*

O segundo aspecto é que essas idéias se referem a certos *pressupostos admitidos* e a *deduções ou proposições* deles derivadas, ambos os quais dependem do tipo de eventos observados e de inclinações pessoais do observador.

Pode parecer estranho que um fator do tipo "inclinações pessoais" tenha um peso significativo na definição de pressupostos ou deduções de uma teoria, mas assim é. Com isso, queremos dizer que as inclinações pessoais constituem apenas uma das fontes possíveis de inspiração no processo de definir os pressupostos e as proposições da teoria. As teorias têm com freqüência a marca do estilo pessoal do seu autor. Não se conclua daí, todavia, que a teoria toda deva ser criada em cima das inclinações pessoais do autor, pois nesse caso ela se revelaria inútil ou insuficiente, como acaba acontecendo nas formulações leigas.

O terceiro aspecto se refere à definição de certos parâmetros que dão precisão às condições em que tais pressupostos e proposições são válidos. São as *definições operacionais,* que expressam o significado exato dos termos e condições que o teórico utilizou de modo que outros observadores possam repetir os mesmos experimentos nas mesmas condições e com isso confirmar ou refutar os resultados e conclusões a que o teórico havia alcançado.

Quanto às funções da teoria, a primeira e mais básica delas consiste em *estabelecer novas relações ainda não observadas ou não conhecidas.* Nesse papel ela é um estimulante instrumento de criação e descoberta de novos conhecimentos. Dois aspectos que expressam o que dissemos acima e ressaltam a importância dessa função dizem respeito à capacidade de *predição* e de *gerar pesquisas.*

A segunda função é a de *orientar o pesquisador* frente à complexidade e variedade de possibilidades com que cada fenômeno se apresenta. Como é impossível conhecer um fenômeno em toda a sua extensão e plenitude, simplificamos sua abordagem adotando apenas alguns pontos de vista, valorizados pela teoria.

Compreendido o que é uma teoria e qual sua função, precisamos agora saber como comparar teorias e estabelecer critérios para sua avaliação. Esses critérios têm sido: 1º) *Utilidade* — refere-se à conseqüência prática que da teoria foi derivada. Nesse sentido, a capacidade de estabelecer predições ou hipóteses testáveis expressa o grau de utilidade da teoria. 2º) *Parcimônia e simplicidade* — com esses termos, pretendemos dizer que, em princípio, quanto mais simples e menor for o número de pressupostos e conceitos, com mais clareza percebemos as características principais da teoria. 3º) *Abrangência* — quanto mais amplo for o campo de fenômenos cobertos pela teoria, melhor a teoria.

Considerando esses critérios, torna-se fácil compreender que uma teoria não pode ser avaliada em termos de ser *falsa ou verdadeira*.

Em face do que já foi exposto até aqui, estamos em condições de tecer algumas considerações acerca das teorias de personalidade.

Estas são concepções sobre o homem. Expressam os inúmeros enfoques através dos quais podemos compreender a natureza do ser humano. O fato de contarmos na atualidade com tão grande número de teorias da personalidade é reflexo, de um lado, da complexidade do fenômeno humano, e, de outro, do noviciado da Psicologia da Personalidade. Isso tem como conseqüência gerar no iniciante no estudo da personalidade um estado de perplexidade e confusão, tão maiores quanto maior for sua necessidade de certeza. Temos visto manifestações de decepções por parte de alunos que, esperando finalmente encontrar respostas seguras, eficientes e definitivas a respeito do comportamento humano, dos outros e de si próprios, vêem-se frente a inúmeras alternativas ainda em fase de verificação. Evidentemente, esse estado emocional não ocorre apenas pelas razões acima mencionadas. Parte delas deve ser creditada à expectativa gerada no estudante, de técnicas de manejo do ser humano equivalentes às da tecnologia física e química, bem como a ênfase em nosso tempo na manipulação objetiva e prática das coisas. De qualquer modo, essas expectativas, apesar de justas, não correspondem à atual realidade desse campo de investigação. Isso impõe àqueles que se dedicam a tal campo a obrigação de sistematicamente rever suas posições teóricas, questionando seus fundamentos e a sua utilidade. Em função dessa realidade, o leitor deve ser advertido de que, para um estudo adequado das teorias de personalidade, torna-se necessário considerar a orientação filosófica subjacente.

A ORGANIZAÇÃO DOS DADOS

O fato de termos em mãos uma série de dados significativos acerca de alguém é apenas um passo para o conhecimento dele. Além da coleta, há que se ordenar esses dados de uma maneira prática que resulte em uma adequada interpretação deles. O procedimento do leigo e do psicólogo nesse ordenamento e a teoria que cada um deles constrói é o que procuraremos analisar.

Já mencionamos que o leigo tende a fazer interpretações segundo esquemas predeterminados, o que resulta freqüentemente em interpretações tendenciosas dos dados. Em vez de, a partir dos dados, ir ordenando-os de forma a resultar um conjunto de idéias articuladas entre si, ele faz com freqüência o caminho inverso. Parte do seu conjunto de idéias e procura "encaixar" os dados de acordo com ele. Isso resulta na formação de um preconceito, que é o caso típico em que as inclinações pessoais são mal utilizadas.

De sua parte, o psicólogo procede de modo oposto ao do leigo. Da organização dos dados ele *extrai* suas idéias, de forma a que a articulação resultante entre elas traduza a possível articulação dos eventos como ocorrem na realidade. Nesse processo de teorização pode inclusive acontecer de o cientista não chegar a nenhuma conclusão. Preferirá então permanecer no estado de incerteza a ter que aderir a uma hipótese que ele sabe ser não justificada ou não segura. Aguardará ter novos dados que possibilitem a formulação correta e segura.

O processo de organizar os dados pode assumir várias formas, mas dois modelos se sobressaem: o *classificatório* e o *sistêmico*. O primeiro consiste em classificar as pessoas segundo certos padrões de caracteres bem definidos e distintivos pelos quais elas são reconhecidas e identificadas. Assim, as pessoas podem ser categorizadas como agressivas, tímidas, extrovertidas, na medida em que tais características sejam marcantes e típicas delas.

O modelo classificatório apresenta-se com freqüência sob dois esquemas de categorização: o de *traços* e o de *tipos*. No esquema de traços, procuramos identificar os padrões comportamentais mais regulares e consistentes das pessoas, os quais, em seu conjunto, traduzem o ser delas, isto é, revelam como elas são. Dessa maneira, criamos um *perfil psicológico* delas. Esses padrões se revelam estáveis ao longo do tempo e nas mais variadas situações. Isso pode ser claramente evidenciado quando observamos as pessoas em diversas situações. Notaremos que certas tendências comportamentais se mostram mais frequentes e persistentes do que outras. As pessoas mostram-se mais propensas a agir de um determinado modo, e que essas tendências e propensões são típicas delas. A essas disposições ou incli-

37

nações damos o nome de traços. É preciso salientar que, para definir um traço, a reação em foco deve ocorrer em uma variedade de situações, isto é, não depender do estímulo que a desencadeia, expressando, portanto, uma tendência inerente à pessoa.

Um aspecto importante é que os traços podem se expressar segundo várias modalidades ou referir-se a diferentes aspectos da personalidade. Assim, podemos ter traços *motivacionais,* de *temperamento,* de *caráter,* de *habilidade, dinâmicos, estilísticos* etc. Entre os teóricos que se valeram da concepção de traços estão Allport e Cattel.

O esquema de tipos parte do mesmo princípio, mas procura enquadrar as pessoas em umas poucas classes ou categorias. A noção de tipo deriva da crença de que é possível e válido classificar as pessoas segundo certas dimensões da personalidade. As classes que expressam essas dimensões e nas quais o indivíduo é enquadrado são mais amplas que os traços e muitas vezes abrangem vários traços. Quando as pessoas se referem a alguém como sendo do tipo *boa-vida*, pretendem se referir à tendência de este só buscar o prazer e a satisfação, evitar compromissos e responsabilidades, levar uma vida folgada e sem preocupações. Assim, o tipo boavida comporta uma série de traços correlatos. Do mesmo modo, consideramos *introvertida* a pessoa com tendência ao isolamento, que aprecia estar só, refletindo e pensando, reservada e contida, sensível, séria, ao passo que extrovertida seria a pessoa com tendência à sociabilidade, expansiva, alegre e comunicativa, dada à ação e à iniciativa, que "põe tudo pra fora" etc. Inúmeros autores fizeram uso de tipologias; entre eles, destacam-se Freud, Jung, Eysenck, Sheldon, Kretschmer.

O modelo classificatório é o mais utilizado pelo leigo, tanto no esquema de traços como no de tipos. O problema é que os tipos e os traços valorizados e propostos pelo leigo se revelam pouco consistentes e coerentes com a realidade descrita. Por razões pessoais, um leigo pode valorizar mais o traço agressividade em alguém, porque isso de algum modo lhe interessa, do que o traço ousadia, que talvez fosse realmente mais marcante nele. Ou seja, os critérios em que o leigo se baseia para construir seus perfis e tipos costumam estar bastante contaminados por fatores emocionais, subjetivos e, portanto, não controlados. Ao contrário, quando um pesquisador propõe uma lista de traços e tipos, ele o faz após certificar-se de que ela é um reflexo fidedigno da realidade estudada.

O modelo *sistêmico*, por sua vez, é aquele que se inicia com a identificação daquilo que poderiam ser as *unidades* fundamentais da personalidade e, a partir daí, procura-se estabelecer a maneira como elas se inter-relacionam. Esse padrão de organização parte da noção de *estrutura* e *dinâmica* (processo). Antes de avançarmos, vamos esclarecer melhor essas duas noções.

Conceito de estrutura e dinâmica. Por estrutura entende-se habitualmente a disposição que as partes assumem formando um sistema ou totalidade. Com freqüência, mas não necessariamente, essa combinação das partes implica uma interação delas, caracterizando então uma relação dinâmica entre elas. Estrutura e dinâmica são, nesse sentido, correlatas. Essa correlação se evidencia quando consideramos as funções que as partes, isto é, as unidades estruturais, desempenham no conjunto, quais sejam, a de sustentação e a de ordenação (ou regulação).

A função de sustentação se refere à manutenção da composição do todo. Ela se torna bastante evidente quando pensamos em termos físicos, como no caso do esqueleto animal ou mesmo no "esqueleto" de uma construção. Nesses casos, temos uma série de elementos (ossos longos, músculos, tecidos finos ou vigas, corredores, colunas etc.) que se destinam primariamente à função de sustentação e amarração do conjunto, dando-lhe condições de existência e solidez ao longo do tempo. A estabilidade do sistema depende basicamente dos elementos estruturais de sustentação.

Quanto à função de ordenação, ela diz respeito à orientação e controle dentro do sistema e define o padrão dinâmico vigente no sistema. A orientação diz respeito à direção que o fluxo tem dentro do sistema, enquanto o controle se refere à intensidade, freqüência, acesso e bloqueio do fluxo. Como exemplo, imaginemos um edifício: os corredores e escadas permitem o acesso a certas áreas e indicam o sentido do fluxo das pessoas (orientação), ao passo que as portas estabelecem um controle (regulam) desse acesso. Um elemento estrutural pode estar servindo a ambas as funções ou a uma delas predominantemente.

Na medida em que consideramos essas funções, estamos em igual medida falando de um movimento que se passa no interior do sistema. A esse movimento damos o nome de dinâmica ou processo, e ele é fruto de uma interação das partes ou uma interação definida pelas partes.

Como pode ser observado, o conhecimento das características das estruturas nos permite antever que tipo de dinâmica é esperado que ocorra naquele sistema em particular. O inverso também se dá: reconhecendo o padrão de dinâmica que vigora no sistema podemos inferir que possíveis estruturas estão envolvidas para que ela aconteça. Essa é a correlação que mencionamos atrás.

Até aqui procuramos desenvolver uma noção do que sejam estrutura e dinâmica, aplicadas no campo físico. Essas mesmas noções têm sido aplicadas no campo da Personalidade. Mas é justificável esse uso em Psicologia da Personalidade?

As razões que justificam a aplicação do modelo sistêmico à compreensão do funcionamento da personalidade são de base analógica, isto é, fundamentam-se em certas semelhanças entre os processos físicos da natureza e os processos psíquicos da personalidade. Essas razões dizem respeito às noções de totalidade, dinâmica e estabilidade.

Comentamos no primeiro capítulo que até o leigo entende a pessoa como um ser complexo, isto é, um conjunto de partes inter-relacionadas formando uma totalidade. Essa idéia de complexidade deriva de nossa própria observação e introspecção, as quais nos revelam que cada um de nós, além dos constituintes orgânicos, somos pensamentos, sentimentos, sensações etc. Consideramos empiricamente cada uma dessas funções psíquicas como qualitativamente distintas umas das outras; além disso, podemos constatar um nível de coerência no funcionamento delas, o que evidencia um padrão ordenado e integrado. Isso é precisamente o sentido de totalidade ou, se quiserem, de sistema.

A segunda razão se refere à idéia de dinâmica de um sistema. No caso da personalidade, o caráter dinâmico dela se revela no fato de sua contínua transformação, isto é, a percepção que temos de que ao longo do tempo passamos por uma série enorme de modificações no nosso modo de ser e no nosso ser. Notamos que, quando crianças, víamos o mundo por um certo prisma, diferente do que fazemos hoje, mas igual para as demais crianças. Notamos também que certas necessidades e motivos próprios de um período são substituídos por outros mais recentes, numa tendência à atualização. Essas alterações tanto do estilo quanto do próprio ser denotam um sentido de dinâmica.

E, por último, devemos considerar a idéia de estabilidade da personalidade. Essa idéia decorre de três fontes. De um lado, a impressão de continuidade pessoal, isto é, de que ao longo do tempo, apesar das alterações que sofremos, permanecemos os mesmos. Resulta um sentido de algo que permanece estável e idêntico a si mesmo. É o sentido de identidade pessoal, o qual abordaremos em capítulos próximos. Além disso, parece que certos estados e disposições psicológicos são mais duradouros e estáveis do que outros que se nos afiguram como ocasionais e fugazes. Essas impressões tornam mais consistentes a idéia de estabilidade psíquica. Por outro lado, constatamos a existência de certos padrões comportamentais muito estáveis e persistentes, resistindo aos mais variados esforços para a sua modificação. Quem já não esteve envolvido na luta para mudar certos hábitos como os de fumar, ingerir bebidas alcoólicas ou não comer certos tipos de alimento?

Em função das razões acima expostas, parece-nos justificável e apropriado o uso da concepção de sistema e, por extensão, de estrutura, para explicar o funcionamento psicológico. Resta considerar algumas questões: o que é uma estrutura psíquica? No que consiste e a que se refere? Quais as suas características?

Nossos dados são o comportamento. Pressupomos que tem causas e propósitos e que tem formas diversas de serem realizados, daí porque concluímos que eles têm um significado.

Devem ser compreendidos em termos dos seus motivos (isto é, o porquê e para que); mas também dos demais *determinantes* (como, onde etc). Precisamos compreender: 1°) o que dá origem e início ao comportamento; 2°) o que lhe confere direção e sentido; 3°) o que lhe confere a força e a freqüência com que se manifesta; 4°) o que o encerra e qual a finalidade ou objetivo que o justificou, 5°) o que faz com que ele assuma a forma de expressão com que se revela. Para alcançar essa compreensão, temos que pensar em estruturas que respondam pelos itens acima e nos ajudem a esclarecer a respeito deles. Mas o que são essas estruturas?

Uma estrutura da personalidade deveria estar se referindo a mecanismos e funções psíquicas responsáveis pela existência do comportamento, tal como ele se manifesta. Eles teriam certas propriedades e operariam segundo certos princípios. O funcionamento deles resultaria no comportamento, com suas peculiaridades. São, pois, supostos básicos. Na prática, contudo, não é bem assim que as coisas se passam. Essa uniformidade esperada não acontece, e cada teórico tem conceitos distintos de estrutura e propõe, por isso mesmo, unidades estruturais díspares. Ao contrário do que se passa em grande parte no plano físico, no plano psíquico o que se entende por estruturas psíquicas são realidades inferidas, não observáveis diretamente (Lazarus, 1966). Enquanto no campo das ciências físicas, a definição de suas unidades e subunidades estruturais encontra-se estabelecida há alguns séculos, em Psicologia, mais especificamente em Psicologia da Personalidade, ainda nos encontramos na fase de sua definição. Idéias, instintos, hábitos etc. têm sido unidades propostas por uns e rejeitadas por outros. Até hoje não se alcançou um consenso a esse respeito. Como várias unidades são propostas, várias também serão as teorias delas derivadas. Como se parte de princípios distintos, algumas unidades se mostram mais lógicas do que outras, mas isso não significa necessariamente que sejam melhores, mais úteis ou mais operacionais. De fato, estamos ainda a meio caminho.

Tipos de estruturas. Considerando-se o papel que desempenha no sistema, as estruturas propostas têm sido as mais variadas e classificadas segundo critérios os mais diversificados. Alguns autores pensam em termos de estruturas físicas e psíquicas. Outros consideram-nas em termos essencialmente psíquicos, mas sofrendo influências da realidade interna e do meio ambiente.

Lazarus identifica dois grandes grupos de estruturas: as motivacionais e as de controle de impulso (Lazarus, 1966). Como não são todas as teorias que adotam a noção de impulso, essa classificação fica prejudicada.

A nosso ver, as estruturas psíquicas podem ser mais apropriadamente compreendidas como sendo: 1º) motivacionais; 2º) de controle do comportamento. As estruturas motivacionais são aquelas que respondem pelo desencadeamento do comportamento, enquanto as de controle respondem por outros aspectos do mesmo, como a sua forma, a direção que assume, seu encerramento etc. Dessa forma, todas as teorias que se valem de noção estrutural podem ser comparadas e analisadas, como faremos adiante, e não apenas as que se apóiam na noção de impulso.

42

II

OS SISTEMAS DE INTERPRETAÇÃO

CAPÍTULO 3

ESTRUTURAS MOTIVACIONAIS

A motivação tem sido compreendida como um *estado interno* que dá início e direção ao comportamento. Assim sendo, as estruturas motivacionais dizem respeito a condições e processos físicos e psíquicos que respondem por tais aspectos do comportamento, visando solucionar as questões relativas ao *porquê* e ao *para quê* da conduta. Algumas teorias, como veremos, propõem estruturas que respondem apenas pela instigação do comportamento, enquanto outras pensam as estruturas motivacionais respondendo também por aspectos como direção, manutenção e até finalização do comportamento.

Tais processos e condições não se revelam diretamente no comportamento. Nós supomos a sua existência e tentamos caracterizálos através de um processo de inferência (Bolles, 1978). Como não são de mesma natureza, podem ser estudados sob diferentes pontos de vista e em diferentes níveis de complexidade (Cofer e Appley, 1976). Uma conduta pode ter sido motivada por determinantes internos, ambientais ou por incentivos e metas. Especula-se qual seria a natureza desses processos e quais os seus mecanismos mediadores. Podem ser biológicos (instintos, necessidades), psíquicos (impulsos, afetos, vontade), ou referentes a objetos ou condições ambientais (incentivos). Isso explica a diversidade de concepções motivacionais, indo desde autores que entendem a conduta como rigidamente determinada por fatores inatos até aqueles que a entendem como sendo extremamente plástica e moldável pelas condições estimuladoras ambientais. Para alguns autores, refere-se a um estado interno constante, enquanto para outros teriam um caráter oscilatório com picos e quedas.

Se os processos motivacionais não são observáveis diretamente, em que se fundamenta a suposição de sua existência? Segundo Cofer e Appley, algumas propriedades da conduta revelam seu caráter motivacional; a energização e predisposição de resposta, a força, a direção, o reforço e o enfraquecimento da conduta. Considerar a conduta segundo tais propriedades nos conduz forçosamente a concepções tipicamente motivacionais.

Além disso, é preciso ter em mente que a motivação representou um avanço no conhecimento, na medida em que introduziu uma concepção determinista na explicação da conduta, no lugar de poderes como o demônio, espíritos etc.

Fruto das influências da Biologia, valeu-se das idéias ligadas ao conceito de homeostase, estendendo esse princípio ao campo psíquico. Tal desenvolvimento culminou na crença de que "toda conduta é motivada", o que implica duas idéias básicas: 1º) que toda conduta visa à satisfação de alguma necessidade do organismo; 2º) sem motivação, não há conduta (Cofer e Appley, 1976).

A noção de que toda conduta está dirigida à satisfação de necessidades do organismo é uma suposição e não um fato comprovável. Nesse esquema de pensar, enfatiza-se o caráter instrumental da conduta, isto é, a conduta entendida como um meio para se atingir um fim e não como uma finalidade em si mesma. A direcionabilidade da conduta reforça essa convicção, mas é preciso levar em conta que existem inúmeros fatores que participam do processo de modelação e direcionamento da conduta, além da motivação em si. Esses fatores se referem a estruturas inatas, a habilidades, ao poder controlador dos estímulos externos e os hábitos (Cofer e Appley, 1976). Essa é a razão de a maioria dos teóricos, na atualidade, limitarem seu conceito de motivação apenas à energização da conduta, excluindo a direção como função dela. E, finalmente, esse modo de pensar nega a possibilidade de a conduta surgir por outras razões não motivacionais. De fato, está tão arraigado em nós esse modo explicativo da conduta, que se torna difícil pensá-la em outros termos. A bem da verdade, porém, é imprescindível considerar a hipótese de outras causas, de natureza não motivacional, participarem da determinação do comportamento. É o caso da intervenção de forças externas sobre o sujeito, seja de natureza física ou psíquica. Em certas concepções comportamentais, o comportamento é função do estímulo e não da condição interna propriamente dita, apesar da participação desta no processo.

A segunda implicação, de que sem motivação não há conduta, também constitui uma negação da possibilidade de ela surgir de fatores não motivacionais.

Em função de razões como essas, têm surgido questionamentos acerca da real validade e utilidade da noção de motivação, no campo da Psicologia da Personalidade. Deve a motivação responder pela ativação, direção e finalização da conduta ou ficar restrita apenas à primeira função? Como deve ser pensada a determinação do comportamento, levando-se em conta a participação de fatores estruturais, fatores ambientais e mesmo certas condições internas de natureza não motivacional? Como o leitor deve ter percebido, não se trata propriamente de negar a existência dos processos motivacionais, mas de redefinir com precisão o seu âmbito de atuação na determinação do comportamento.

Entre os conceitos motivacionais propostos e mais aceitos na atualidade, encontramos as noções de instinto, impulso, necessidade, incentivo e reforço. Esses conceitos são concebidos como operando segundo dois princípios básicos: o de redução de tensão e o de crescimento ou atualização.

No primeiro caso, todo comportamento é entendido como uma tentativa do organismo de livrar-se de uma tensão ou excitação que o tenha acometido, gerada por algum tipo de déficit nos tecidos, provocado por um fator interno ou externo. Segundo essa concepção, nesses casos a tendência natural do organismo é a de buscar o equilíbrio ou estado de repouso, o que é conseguido por um dado comportamento que elimina a tensão ou excitação. O exemplo clássico é o da fome. Ela se constitui em um estado de excitação que impele o organismo a procurar e ingerir o alimento. Feito isso, há o alívio da tensão e o retorno ao estado de não-excitação ou repouso. As teorias de Freud e as comportamentais são os maiores representantes desse tipo de enfoque.

Cofer e Appley (1976) fazem três restrições ao princípio da redução de tensão, considerando que ele não deixa claro: 1º) como a necessidade impulsiona à ação; 2º) por que a ação cessa antes de ter havido redução da necessidade fisiológica que motivou a ação; 3º) se a necessidade impulsiona à ação sem a concorrência de aprendizagem. Não deixam, contudo, de reconhecer que há padrões regulares onde a estados de privação sucedem-se atos seguidos de satisfação.

No segundo caso, o comportamento é concebido dentro de outra perspectiva, qual seja, a finalista. O organismo teria uma tendência natural, partindo de estágios mais indiferenciados, a crescer e desenvolver-se em direção a níveis mais estáveis e diferenciados. Nesse enfoque, o organismo buscaria completar-se e alcançar a sua totalidade, não visando atingir o estado de repouso ou ausência de excitação. Ao contrário, em certas situações, mesmo o organismo estando em repouso, ele é ativamente abandonado e substituído por uma tensão, própria da busca de realização. Tendo atingido uma meta que se propõe, o homem não cai em inércia, mas estabelece novas metas, maiores e mais significativas, as quais passa a perseguir. Motivações ligadas ao aperfeiçoamento pessoal e à auto-realização são exemplos que expressam esse princípio.

Esse modelo de concepção tem sido criticado pelo seu caráter normativo e valorativo (Lazarus, 1979), o que, para alguns, soa como uma visão mística do homem. Entre os autores que enfatizam essa abordagem, há que se destacar Adler, Maslow e Rogers.

Mais recentemente, o psicanalista Robert White (1960), considerando o modelo de redução de tensão insatisfatório e insuficiente para explicar todo tipo de comportamento, vem propondo um outro princípio para sua explicação: o princípio da efetuação ou competência. Nessa concepção, é enfatizada a propriedade do organismo de provocar efeitos sobre o meio, obtendo satisfação nesse ato, ou seja, movido por uma tendência natural a exercitar sua competência, o organismo atua sobre o meio. O comportamento exploratório, a manipulação e o brinquedo constituem-se em exemplos de atividades que ilustram a atuação desse princípio, o qual indica uma tendência inata a agir com eficiência cada vez mais crescente. Essas atividades não implicam déficits orgânicos e parecem surgir no sistema nervoso na ausência de estimulação visceral, além de produzir aprendizagem instrumental sem que tenha havido resposta consumatória (White, 1960).

A motivação de efetuação expressa uma tendência para atividade, mesmo quando os impulsos primários, como fome, sede e sono, estão totalmente saciados. A proposta de White teve o sentido de complementar a visão psicanalítica clássica centrada no princípio da redução de tensão, com um enfoque de crescimento. Maddi (1980) equipara essa concepção com a de Adler, considerando-a como parte da motivação de realização. Contudo, Lazarus (1979) ressalta o fato de essa concepção não implicar juízos de valor de modo tão marcante como acontece nos modelos de redução de tensão e de crescimento.

Feitas essas considerações, podemos dirigir nossa atenção aos sistemas motivacionais mais reconhecidos.

SISTEMAS MOTIVACIONAIS FUNDAMENTADOS NA NOÇÃO DE INSTINTO

A concepção do homem como um ser movido por instintos tem uma de suas raízes no postulado darwiniano da evolução das espécies, qual seja, o homem entendido como uma criatura que ainda conserva muito de sua natureza animal, apesar de todo o desenvolvimento por que já tenha passado. As profundas transformações e aquisições — tais como mudanças de postura, de hábitos alimentares, aquisição da linguagem e da consciência — que se processaram em seu curso evolutivo, não teriam sido suficientes, segundo aquela concepção, para alterar radicalmente sua natureza, e, em razão disso, uma das características e propriedades que teria permanecido seria o instinto. Outras razões invocadas que fortalecem essa concepção se referem ao fato de o ser humano com freqüência comportar-se de modo impulsivo e intempestivo, além do fato de as pessoas, em inúmeras situações, agirem de modo ilógico ou irracional.

O instinto, ao lado dos reflexos e das taxias, constitui-se no principal conceito para explicar o comportamento animal. Refere-se a padrões comportamentais complexos e estereotipados, não aprendidos (determinados por mecanismos inatos), desencadeados por estímulos específicos, tendo uma finalidade biológica, e próprios de cada espécie.

Cabe diferenciá-los dos reflexos. Estes se referem a *padrões comportamentais mais simples,* não aprendidos, *envolvendo grupos musculares isolados*, que são postos em ação por estímulos específicos. Têm finalidade biológica e são próprios da espécie. Porém, são de nível segmentar, isto é, não envolvem o sistema nervoso central, permanecendo sua atuação no nível medular. Na realidade, compreendem sempre um *arco-reflexo*. Neste, um estímulo específico atinge uma terminação nervosa na pele ou nas mucosas, gerando uma excitação nervosa. Esta caminha por uma fibra nervosa *aferente* (ou sensitiva), até atingir a medula, onde faz sinapse (conexão) por meio de um ou dois neurônios com uma fibra nervosa *eferente* (ou motora), que termina em um grupo muscular. Este, ao ser atingido pela estimulação (excitação) nervosa, se contrai, ação esta que leva ao afastamento ou eliminação do estímulo desencadeante inicial. Com isso, volta-se ao estado anterior de repouso ou não excitação.

As taxias (ou tactismos) são movimentos reflexos, encadeados, com finalidade de orientação e direcionamento, dependentes continuamente de estímulos ambientais.

Como modo explicativo, a noção de instinto foi muito criticada, pois implicava circularidade e, mais do que explicar o comportamento, era um modo de não desvendar as suas razões. Como uma palavra mágica, a qualquer comportamento animal era invocado o instinto para justificar a sua ocorrência. No entanto, sua natureza e no que consistia realmente permaneciam um grande mistério. Apenas levava-se em conta o fato de o instinto se referir à determinação inata de certos comportamentos. Com o tempo, percebeu-se que nas seqüências comportamentais tidas como inatamente determinadas havia elementos determinantes não-inatos. Essa compreensão começou a se dar a partir das contribuições da Etologia. Combinando observações naturalísticas sistemáticas com experimentos laboratoriais, os etólogos ficaram em condições de precisar as condições e mecanismos inatos envolvidos no desencadeamento de comportamentos não-aprendidos, em animais de diversas espécies, bem como a identificar os segmentos comportamentais aprendidos e não-aprendidos que eram considerados como atividade instintiva.

Essas descobertas começaram com Whitman, que demonstrou que determinados padrões comportamentais típicos, rígidos e fixados seriam de natureza instintiva e serviam para classificar os animais como pertencentes a uma dada espécie, gênero ou ordem.

Posteriormente, Craig descreveu o comportamento instintivo como tendo duas fases: a de apetência e a consumatória. Os comportamentos próprios da fase de apetência chamados *comportamentos apetitivos* (ou de apetência) se referem a atos variáveis, flexíveis, que têm a finalidade de deixar o organismo apto ao desenvolvimento do ato instintivo. Na fase de apetência, o animal busca atingir um nível de excitação e de sensibilidade específica a um certo estímulo, necessários e suficientes para que, ao se defrontar com tal estímulo, este tenha o poder de desencadear o comportamento instintivo. O comportamento apetitivo pode ser modificado pela experiência.

A fase consumatória se refere a seqüências comportamentais estereotipadas, relativamente simples, próprias da espécie, e que, uma vez iniciadas, sempre se completam, eliminando o estado de excitação em que o animal se encontrava. É o que, nos parágrafos anteriores, chamamos de ato ou comportamento instintivo. A fase de apetência e a fase consumatória compõem uma unidade funcional. A primeira é indispensável para a ocorrência da segunda. A ocorrência da segunda reforça a da primeira.

Na atualidade, os atos ou comportamentos consumatórios são considerados como sendo parte dos *padrões de ação fixa* (PAF).

De início, Lorenz considerou que os padrões de ação fixa no seu todo fossem inatos, mas acabou reconhecendo que há partes não aprendidas entremeadas com partes aprendidas, o que é evidenciado em animais criados em condições de isolamento. Nestes, o componente aprendido pode estar ausente ou manifestar-se de forma perturbada (Lorenz, 1975).

O leitor pode notar uma certa confusão terminológica que dificulta a compreensão do que deve ser considerado realmente como instinto ou instintivo. De modo geral, pode se dizer que a expressão *conduta instintiva* se refere às seqüências comportamentais das fases de apetência e consumatória (cf. Cofer e Appley, 1976). Por *atividade instintiva*, designam-se os padrões de ação fixa ou atos consumatórios, sendo que alguns autores incluem nesse conceito as taxias, enquanto outros os têm como comportamento de apetência. De qualquer forma, os padrões de ação fixa são a única parte absolutamente estereotipada e em sua maior parte, inata. Sua imutabilidade é marcante, evidenciando sua natureza instintiva.

Outra contribuição importante se refere à caracterização dos *mecanismos inatos desencadeadores* (IRM) ou, resumidamente, desencadeadores, os quais consistem em estímulos externos específicos, com a propriedade de desencadear uma ação determinada. Tais mecanismos funcionam analogamente ao conjunto chave-fechadura, isto é, devem ser considerados em função de um componente emissor para desencadear o ato, que é sempre uma estrutura, um comportamento inato, ou ambos, e do componente receptor da mensagem, que é o animal em questão que irá expressar o ato. São mecanismos altamente especializados, tanto no componente emissor (desencadeador) quanto no receptor (Lorenz, 1975). Assim, entre os peixes *Gasterosteus aculeatus* ocorre o seguinte: a barriga vermelha de um macho (emissor) funciona como um desencadeador para um outro macho (receptor), despertando neste uma reação agressiva contra o primeiro. Se o peixe que se aproximar for uma fêmea (sem a mancha vermelha), essa reação agressiva não acontece; pelo seu modo de nadar e pelo ventre inflado, a fêmea desencadeia outra reação no macho, o que pode acarretar a postura dos ovos por ela e a sua fertilização, por ele. Essas reações têm a ver com a época (primavera), com a migração dos peixes e certamente com alterações hormonais.

Um aspecto importante com relação aos IRM é que o animal não reage à situação toda, mas a algumas particularidades dela, o que pode ser comprovado experimentalmente. O elemento inato desses mecanismos se refere ao fato de o animal apresentar a resposta esperada, quando se defronta pela primeira vez com o desencadeador, sem ter tido oportunidade de aprendizagem anterior. Mas sabe-se que tais mecanismos não são necessariamente inatos (Hinde, 1977). O seu alto grau de especialização implica, muitas vezes, adestramento, isto é, aperfeiçoamento pela experiência e aprendizagem. Esses mecanismos fundamentam a vida *social,* regulando as relações entre pais e filhos, macho e fêmea etc. Habitualmente, tais mecanismos operam entre animais da mesma espécie, mas alguns autores, entre eles Timbergen, consideram a existência de mecanismos desencadeadores interespecíficos, como, por exemplo, odores e cores das flores com relação a aves e insetos.

Como se pode observar, esses pesquisadores têm precisado e discriminado os comportamentos aprendidos dos não-aprendidos (em animais), colocando nos seus termos corretos a antiga controvérsia entre o inato *versus* o adquirido. Dessa forma, "...é necessário destacar que a verdadeira distinção não se dá entre comportamento aprendido e não-aprendido, mas sim entre a aprendizagem e os outros fatores que influem no comportamento" (Hinde, 1977). Como o comportamento resulta sempre da interação de fatores genéticos e ambientais, a separação entre uma parte aprendida e outra inata ou não-aprendida fica sem sentido. A essa questão voltaremos em capítulos posteriores. De momento, nos interessa os esclarecimentos possíveis advindos da abordagem etológica. Assim, temos que uma grande parcela do aprendizado nos animais se refere, na realidade, a ajustamentos de atos instintivos pela ação da aprendizagem. Através da experiência prévia e do aprendizado o organismo promove um ajuste de seus atos instintivos com as condições ambientais.

Outra contribuição se refere ao aprendizado que ocorre em bases inatamente programadas. Subjacente a todo aprendizado, há uma estrutura orgânica apropriada que cria condições para que ele ocorra e que é, ela mesma, produto de um desenvolvimento filogenético (evolutivo). É dessa maneira que Nogueira Neto (1984) explica os vôos de orientação, típicos e próprios, que certas espécies de abelhas manifestam ao sair da colméia pela primeira vez, após esta ter sido transferida para um novo local, desconhecido delas. Esses vôos de orientação que resultam no *aprendizado* de novo local fazem parte de uma programação de origem inata.

Também o fenômeno do *imprinting* (estampagem) ajuda-nos a compreender melhor as relações entre programação genética e aprendizagem. Nesse fenômeno, durante certos *períodos críticos* (fases sensíveis) o animal está apto a realizar a aquisição ou aprendizagem de certos comportamentos. Passado o período crítico, se não houve a aquisição, ela não ocorrerá mais. Tendo havido a aquisição, esta se fixa, às vezes irreversivelmente. Na estampagem cria-se uma ligação entre o filhote e um objeto, de modo que o filhote passa a seguir o objeto, sempre e aonde quer que este vá. Na natureza, esse objeto são os pais do filhote e esse mecanismo inato tem uma função biológica.

O que os etologistas comprovaram é que o filhote, em um período específico, torna-se sensível e apto a seguir qualquer objeto que se movimente à sua frente, como se este fosse um de seus pais independentemente da natureza do objeto. Embora possa haver estampagem até a sons específicos, usualmente é uma ligação visual a alguma figura que se movimente. Há, pois, uma combinação do fator instintivo e o aprendido: o acompanhamento é instintivo, mas a ligação a determinada classe de objeto, ou a preferência por ela, é adquirida (Sluckin, 1972). A ligação estabelecida é tão estável que, ao atingirem a idade adulta, muitos desses animais que sofreram estampagem manifestam interesse sexual pelo objeto estampado e não pelos membros de sua espécie.

E finalmente há que se considerar a questão do *conhecimento inato do perigo:* há dados que evidenciam essa ocorrência; o tentilhão com 30 dias de idade manifesta reações de medo ao mocho, seu predador. Ainda no ovo, os pintinhos se encolhem ao sinal de alerta dos pais (cf. Zlotowicz, 1976). Nem sempre esse conhecimento é perfeito e completo, sendo então necessário que o animal o aperfeiçoe através da experiência. O animal reage com medo a certas características próprias dos numerosos predadores. Essas características costumam se referir a formas e movimentos. O animal tem então que aprender a reconhecer as formas precisas específicas dos predadores e discriminá-las das não perigosas.

Pelos dados e conceitos expressados anteriormente, torna-se claro a imensa contribuição que a Etologia trouxe para a compreensão dos processos instintivos. Enquanto conceito motivacional, o instinto se refere a impulsos internos, inatos, e a estados ou condições internas de base biológica e sua íntima relação com certos estímulos ambientais deflagradores do ato instintivo.

A etologia humana. Inúmeros autores, incluindo Timbergen e Lorenz, têm defendido a idéia de que os processos e mecanismos evidenciados pela Etologia são aplicáveis ao comportamento humano. Lorenz, por exemplo, despertou a atenção para aspectos da agressividade humana, usando uma visão etológica. Timbergen supõe a possibilidade de mecanismos inatos desencadeadores no homem, que se manifestam frente a certos estímulos. Assim o comportamento e a aparência típicos da criança agiriam como estímulos de indícios para despertar o comportamento de cuidados por parte dos adultos.

Outro autor que tem se destacado na aplicação de conceitos e princípios etológicos à conduta humana é Bowlby. Ele tem se dedicado ao estudo das experiências de medo e angústia de separação em crianças, e feito importantes contribuições nessa área. Opondo-se à concepção de que medos como o do escuro, de pessoas estranhas, de ser deixado sozinho, tão freqüentes em crianças, fossem neuróticos "por si", propôs que fossem considerados como uma disposição relacional natural do homem, seja criança ou adulto, despertada por situações ou estímulos que funcionam como indícios naturais de *risco* e não de ameaça real imediata. Nesse sentido, critica o que considera erros de concepção, quais sejam, os de que o medo só é provocado por situações que podem causar ferimentos ou prejuízos. "As respostas de medo provocadas por indicadores naturais de perigo são parte do equipamento comportamental do homem" (Bowlby, 1984). Dessa forma, a tendência a reagir com medo a situações corriqueiras como as mencionadas acima é interpretada como expressão de inclinações geneticamente determinadas.

Bowlby chamou a atenção para certas formas comportamentais, usualmente agrupadas, que são sugestivas de medo: olhar de cautela, face assustada, busca de abrigo, esconder-se, fuga, busca de certas pessoas etc. Estabeleceu também que: 1º) essas manifestações tendem a ocorrer simultaneamente ou em seqüência; 2º) eventos que provocam uma tendem a provocar as demais; 3º) parecem ter uma função biológica (proteção). Descreveu ainda como essas reações sugestivas de medo se manifestam na ocorrência de certas situações elementares como o lugar vazio, o agigantamento (isto é, uma aproximação súbita que faz com que o objeto cresça rapidamente à nossa frente), objetos e pessoas estranhas, o escuro, o ficar só, animais, o penhasco visual, ruídos repentinos e a perda de apoio. Esses indícios naturais alertam para um perigo possível, não necessariamente provável e nenhum intrinsecamente perigoso. Deve-se salientar que o perigo pode ser sentido não só quando certas situações se fazem presentes como também quando determinadas situações se fazem ausentes. Desenvolveu a noção de *situações compostas*, que nada mais são do que as referidas situações ou características elementares indicadoras de um perigo possível, que, manifestando-se em conjunto ou combinadas, despertam reações mais intensas do que quando se manifestam isoladamente. É o caso, por exemplo, de um estranho que se aproxima rapidamente, um cão desconhecido que late, um ruído repentino no escuro etc.

Indo mais além, Bowlby faz uma série de restrições à teoria motivacional psicanalítica, propondo em seu lugar uma concepção etológica. Eis em síntese sua teoria motivacional: 1º) o comportamento é fruto de ativação de certos sistemas comportamentais organizados e complexos, próprios do organismo; 2º) esse comportamento é tido como instintivo, por ser um padrão conhecido e próprio da espécie, ter valor de sobrevivência, não exigir aprendizagem para se manifestar; 3º) os fatores causais que ativam ou finalizam o comportamento instintivo são o nível hormonal, organização e atuação do sistema nervoso central, estímulos ambientais, estímulos proprioceptivos; 4º) resulta da interação de tendências geneticamente determinadas e do ambiente; 5º) tem função biológica.

Numerosas críticas têm sido dirigidas aos conceitos etológicos, partidas tanto de dentro como de fora do movimento etológico. Vamos mencionar algumas: 1º) há dados que sugerem que o comportamento de locomoção do sapo não dependeria de um controle central, podendo depender apenas de um controle sensorial periférico. Apesar dos importantes e invejáveis desenvolvimentos atuais que apóiam a idéia de mecanismos inatos e estrutura nervosa hierárquica central, descobertas como essa põem em xeque a extensão destes últimos; 2º) as atividades deslocadas, segundo uns, poderiam produzir-se por meio de estímulos diferentes dos liberadores ambientais; 3º) o termo "instinto" deveria ser abandonado na medida em que ainda reflete a falsa dicotomia hereditariedade-meio.

O instinto nas teorias de personalidade. A revisão da noção de instinto, enquanto aplicado aos animais, teve por objetivo deixar-nos em melhores condições de apreciar o uso da noção de instinto para a compreensão da conduta humana.

De fato, a aplicação *literal* do conceito ao homem é, sob qualquer forma, impossível, já que a conduta humana tem algumas diferenças radicais da conduta animal. Desse modo, a transposição do conceito, ao *pé da letra*, fica injustificável. Isso significa que, para ser usado como modo explicativo do comportamento humano, o conceito de instinto tem que sofrer uma reformulação que permita sua aplicação àquele, ao mesmo tempo que preserva as suas propriedades e características mais fundamentais.

A principal diferença entre a conduta humana e a animal é que a primeira é marcantemente flexível, enquanto a segunda é predominantemente estereotipada.

O homem apresenta condutas estereotipadas em certas situações bem específicas. Assim, em determinados *procedimentos técnicos*, o sujeito deve realizar certas operações segundo uma certa ordem e sempre do mesmo modo; mas essas condutas são aprendidas. Por outro lado, o homem pode apresentar certos comportamentos estereotipados, frutos de uma condição patológica. Nesses casos, a rigidez evidencia um desajustamento, o que também não é a ocorrência normal. Desse modo, o que se revela próprio da conduta humana é a sua flexibilidade e enorme capacidade de ajustamento. Nessas condições, como conciliar essas características comportamentais com a noção de instinto, que se refere a condutas fixadas?

É precisamente por causa dessa incompatibilidade que o conceito de instinto precisa ser reformulado, para poder ser aplicável ao comportamento humano. Em outras palavras, o instinto quando aplicado ao homem não se refere e não engloba a sua conduta propriamente dita, mas tão-somente às suas condições ativadoras e desencadeantes, bem como às suas finalidades. Essa adaptação do conceito não chega a descaracterizá-lo e permite que, em princípio, possa ser estendido ao homem e, caso se revele útil, seja reconhecido como válido.

Entre os autores que aplicam a noção de instinto ao homem, excluídos os da linha etológica, destacam-se Freud e McDougall. O primeiro desenvolveu a mais abrangente teoria de personalidade existente e sua obra é de nosso interesse. O segundo, apesar de ter exercido uma grande influência no pensamento psicológico, mas não ter desenvolvido formalmente uma teoria de personalidade, não será objeto de nossas considerações.

A estrutura motivacional na teoria psicanalítica. Na área da personalidade, a teoria instintiva que tem merecido maior consideração é a psicanalítica. Para Freud, o instinto é uma condição somática de excitação que traduz um nível de necessidade orgânica. Refere-se a processos que se passam na intimidade dos tecidos corporais. Toda vez que uma mudança ocorre neles, por exemplo, a diminuição de certos elementos ou substâncias químicas, isso irá manifestar-se sob a forma de uma excitação e constitui sempre uma necessidade orgânica. Simultaneamente, uma dada representação mental se fará presente na mente. Essa representação se refere à imagem do objeto necessitado pelo organismo para repor o elemento ou substância do qual está carente. Essa imagem está investida de energia psíquica e é esse fato que torna o organismo sensível e polarizado para o dado objeto correspondente a tal imagem. Nessas condições, pode-se dizer que o organismo se encontra em um estado de prontidão para o referido objeto. Movido por esse estado interno, o organismo é impelido a buscar o objeto e, ao possuí-lo, satisfaz a necessidade somática ao mesmo tempo que descarrega a tensão (Freud, 1974).

O mesmo raciocínio se aplica também quando, em vez de diminuição, ocorre aumento de certos elementos ou substâncias no organismo. Eles precisariam ter seu nível reduzido, o que se dá através da busca de algum outro elemento ou substância com o poder de neutralizá-los, ou então através da sua eliminação pelo organismo através de algum ato.

O instinto nessa teoria equivale, pois, a um mecanismo de transformação da energia físico-química em energia psíquica, instigando e dirigindo a ação para objetos específicos. É um conceito energético. Em sua essência psicológica, refere-se a quantidades de energia psíquica mobilizadas para a satisfação de necessidades somáticas. Essa quantidade é uma tradução imediata, no plano psíquico, da intensidade da necessidade somática e é automaticamente produzida quando ela surge. A natureza do instinto é biológica, constitucional, mas sua concepção é psicossomática. Isso se evidencia na análise dos quatro aspectos que constituem todo instinto: a *fonte*, que constitui a necessidade; a *finalidade*, que consiste no atendimento da necessidade, isto é, na reparação da alteração com a conseqüente remoção da excitação e retorno ao estado de equilíbrio ou repouso; o *objeto*, que se refere a um objeto ou ação que suprimirá a necessidade, e o *impulso*, que corresponde à força com que o processo se manifesta na mente (Freud, 1974).

A energia psíquica é por natureza finalista, isto é, no momento em que surge, ela cria imediatamente uma necessidade imperiosa (sob forma de tensão) de ser descarregada totalmente através do objeto apropriado, segundo o princípio do prazer (Freud, 1976b). A presença do objeto no momento em que surge a energia psíquica permite sua descarga completa e total. Se o objeto não for disponível, ou for proibido, a descarga não é possível, e a energia continua exigindo a descarga da tensão. Nesses casos, a energia pode ser descarregada parcialmente, através da representação mental correspondente a outro objeto. Isso configura uma *realização simbólica*. A parte de energia que não foi descarregada permanece exigindo o objeto original. A isso dá-se o nome de *fixação*. Como a descarga completa só é possível no momento em que surge o instinto, após a fixação ter ocorrido, o objeto estando disponível, já não é mais possível a descarga total.

Como dissemos, a representação mental corresponde à imagem do objeto necessitado juntamente com uma certa quantidade de energia psíquica que está investida nela, que traduz a intensidade da necessidade somática. Quanto maior a necessidade, maior a quantidade de energia psíquica investida na imagem do objeto. A essa quantidade de energia psíquica dá-se o nome de *catexia*, independentemente de seu valor absoluto.

Toda imagem e sua respectiva catexia tendem continuadamente a expressar-se na consciência, mas podem ser impedidas de fazê-lo por certos *mecanismos de defesa*, dos quais a repressão é o protótipo. Tais mecanismos têm a propriedade de barrar o acesso à consciência daquelas imagens e catexias que, de alguma forma, causam sofrimento e desconforto quando conscientes. É o caso da imagem dos objetos proibidos moralmente. É também o caso de certas imagens ou desejos que são permitidos, mas não disponíveis no momento, e cuja permanência na consciência é desagradável.

O fato de uma representação mental ficar inconsciente não significa que ela deixou de existir ou perdeu seu efeito. Ela permanece tal como existia antes, apenas não é percebida. Se ela volta à consciência, seus efeitos voltam a se manifestar. A noção de *inconsciente dinâmico* é exatamente a tendência de todo conteúdo inconsciente forçar continuadamente seu caminho para a consciência. Dito de outra maneira: todo instinto tende à consciência.

Qualquer instinto é em sua origem inconsciente e inconscientizável. Não é possível tomarmos consciência daquele momento em que o fenômeno orgânico se converte em fenômeno psíquico, isto é, não podemos ter consciência das transformações fisiológicas que se passam continuadamente na intimidade de nossos tecidos corporais e nem a sua conversão em realidades psíquicas. Tomamos consciência da representação psíquica, mas não do seu surgimento.

O que chama instinto é esse conjunto de transformações físico-químicas que não cessam de ocorrer em nossos tecidos, em um ciclo permanente de desequilíbrio e reequilíbrio, que se manifesta como necessidade, no plano somático, e como impulso ou desejo no plano psíquico.

Freud chamou de *id* o conjunto de supostos processos psicofisiológicos envolvidos nessa transmutação do fenômeno somático em fenômeno psíquico. O id é a estrutura motivacional na teoria psicanalítica (Freud, 1974, 1975, 1976a).

Segundo essa concepção teórica, todo comportamento humano tem sua raiz em uma necessidade somática. Como explicar, então, os comportamentos de natureza social, cultural, espiritual etc.? Pela realização simbólica, descrita há pouco. Tais comportamentos são frutos de impulsos reprimidos, cuja energia psíquica foi descarregada (ou reinvestida) em outras imagens que, ao contrário da imagem original, são permitidas e possíveis. Dessa forma, o homem passou a ter interesse e "necessidade" de atos e objetos que, caso não tivesse ocorrido a repressão do impulso original, não teriam a menor importância para ele. Se todos os instintos humanos tivessem sido atendidos e saciados, o homem possivelmente não teria deixado a condição animal, ou estaria muito próximo dela.

Em função de seu dinamismo, a energia psíquica pode ser classificada em dois tipos: 1?) energia construtiva, ou libido e 2?) energia destrutiva (ou mortido). A libido é a energia psíquica dos instintos sexuais, eróticos ou de vida, enquanto a mortido é a energia psíquica dos instintos agressivos, de morte ou *thanatos*. Os primeiros respondem pela manutenção da vida biológica, pela autopreservação e pela preservação da espécie. Quando atendidos direta ou parcialmente por deslocamentos, sublimações etc., vão resultar em comportamentos dirigidos a fins socialmente construtivos e positivos (Freud, 1976a). Os instintos de morte operariam, biologicamente, no sentido de retorno às condições inorgânicas (processos de degeneração, degradação e morte), e, socialmente, se traduzem em comportamentos destrutivos e negativos (Freud, 1976a).

O modelo é do tipo redução de tensão, onde a motivação é função do ciclo excitação — comportamento — retorno ao estado de equilíbrio ou repouso. Para Freud, a natureza humana é hedonista, isto é, funciona segundo a busca do prazer. O comportamento, na realidade, é função de vários impulsos e não de apenas um (superdeterminismo).

Esse é, em linhas gerais, o sistema motivacional proposto pela psicanálise, onde o instinto instiga, dá força e direção à conduta, sem, contudo, implicar a estereotipia comportamental que encontramos no conceito de instinto animal.

Inúmeras críticas têm sido feitas e esse sistema motivacional: 1º) o modelo freudiano é estritamente determinista, o que, segundo alguns, contradiz a noção de livre-arbítrio; 2º) exclui de qualquer consideração outros aspectos da conduta que não os deterministas, como, por exemplo, os finalistas ou teleológicos; 3º) enfatiza excessivamente a motivação sexual, em detrimento de outras fontes motivacionais; 4º) a postulação de um instinto de morte na natureza humana tem sido contestada em sua existência, além de se revelar um construto sem valor operacional; 5º) alguns autores consideram que a evolução humana alterou profundamente a sua natureza, afastando-se da condição animal e, portanto, não se justificando mais o uso do conceito de instinto; 6º) do mesmo modo, consideram com reservas a visão de que a cultura seja fruto de formas de ação instintiva; 7º) Bowlby faz uma série de críticas à hipótese energética, considerando-a desnecessária e injustificada e propondo o conceito de instinto, segundo o enfoque etológico; 8º) tal como usado, o conceito de instinto não pode ser estudado objetivamente, não discriminando com clareza e precisão o que é aprendido e não-aprendido.

Por outro lado, os defensores do instintivismo e da psicanálise ressaltam certos aspectos para validarem sua posição, entre os quais: 1º) há uma ênfase na autodeterminação do comportamento; 2º) leva em conta os aspectos biológicos e inatos como fatores importantes na compreensão da conduta; 3º) é um conceito abrangente que explica a maior parte dos comportamentos; 4º) coaduna-se com a teoria evolucionista; 5º) rompe com a dicotomia mente-corpo.

SISTEMAS MOTIVACIONAIS FUNDAMENTADOS NA NOÇÃO DE IMPULSO

Surgiram em substituição ao conceito de instinto, devido às críticas efetuadas a este, partidas principalmente das escolas comportamentais. Mantém algumas características análogas às do instinto, como, por exemplo, sua natureza inata, mas não implica a rigidez e estereotipia, próprias da atividade instintiva.

Para Woodworth (1973), impulso se refere à condição que põe em ação mecanismos geradores de atos preparatórios e consumatórios. O impulso se refere às condições fisiológicas que levariam a tais atos. "As necessidades fisiológicas são criadas por privação e dão origem a impulsos" (Hilgard, 1975). A necessidade é o estado fisiológico de privação, excesso, ou lesão do tecido, e o impulso, a conseqüência psicológica desse estado. O estado de privação ou de excesso gera o impulso, o qual impele o organismo à atividade que satisfaz a necessidade e reduz o impulso. Este é um energizador de ação, onde o organismo age segundo o modelo ou princípio de redução de tensão. Deve então haver um mecanismo de *feedback* que informe ao organismo quando a ação é suficiente e deve ser encerrada, isto é, antes de ter ocorrido a assimilação metabólica do alimento ou líquido etc.

Quando o impulso se refere a necessidades primárias, inatas, como a fome, sede, sexo, é denominado "impulso primário"; quando se refere a necessidades secundárias, aprendidas, é denominado "impulso secundário".

Uma questão que se coloca é a de se o comportamento é fruto de inúmeros e diferentes impulsos ou se de apenas um. No primeiro caso, uma probabilidade seria a de os impulsos serem concebidos como estímulos internos, localizados, correlacionados com as necessidades fisiológicas específicas e instigando à ação. É a teoria local. No segundo caso, temos o impulso como um "estado central que prepara e sensibiliza as estruturas subjacentes do comportamento, deixando-as aptas às reações nas situações" (Cofer, 1980). É a teoria central. São partidários desta última, Woodworth, Hebb, Brown, entre outros.

O impulso como estímulo interno. Nesta concepção, os impulsos, fome, sede, sexo, gerariam estímulos (sensações) localizados, os quais impeliriam a uma ação que satisfaria a necessidade e aliviaria o impulso. O organismo reagiria não ao impulso (necessidade) propriamente dito, mas ao estímulo localizado, que constituiria uma expressão daquele e seria identificado como a necessidade em jogo. Assim, no caso da fome, os estímulos estariam localizados no estômago: no caso da sede, na boca e no esôfago; no caso do sexo, nos órgãos genitais. Alguns setores consideram que, na fome, a distensão estomacal ou as contrações estomacais é que desencadeariam o processo.

Sem dúvida, em muitos casos, a estimulação local é importante para a motivação, mas não parece essencial, e como explicação geral do modo de atuação é insatisfatória. Há claras evidências que justificam essas considerações, como, por exemplo, o fato de pessoas gastrectomizadas continuarem a sentir fome.

O impulso como estado central. Nesta concepção, o impulso é tido como força que ativa o organismo para uma ação, específica ou não. Frente a uma situação de privação (carência), o organismo se tornaria mais ativo e sensível. Por meio dessa atividade o animal mais facilmente encontraria o objeto apropriado e satisfaria a necessidade envolvida. Como na hipótese anterior, é também uma concepção homeostática. A não especificidade do impulso abre caminho para a explicação de comportamentos humanos que não teriam a ver diretamente com condições fisiológicas como a fome, sede, sexo, como acontece com o caso do impulso secundário (adquirido).

Os dados que reforçam essa concepção, segundo Cofer (1980), se referem, por exemplo, a: 1º) a atividade geral, espontânea, dos animais, que se mostram ativos quando não há condições óbvias de estímulos ou incentivos ambientais; 2º) reconhecimento da participação hormonal ou controle do comportamento; 3º) no caso do reforço, cuja eficácia depende da existência de uma condição interna apropriada.

No caso da fome, sabe-se hoje da existência de núcleos hipotalâmicos que respondem pela ingestão e saciação da fome. Esses centros provavelmente são os responsáveis por mudanças nos componentes sanguíneos, na temperatura corporal ou em outros fatores que controlam a fome, como, por exemplo, o início e o fim da contração estomacal ou outros fatores periféricos (locais). O fato de a teoria local estar desacreditada não anula a hipótese (e mesmo algumas evidências) de que estímulos decorrentes das contrações estomacais poderiam contribuir para controlar a atividade desses centros hipotalâmicos (Cofer e Appley, 1976; Cofer, 1980).

Durante certo tempo, considerou-se a hipótese de haver inúmeros impulsos internos, ligados às suas respectivas respostas consumatórias (fome e comer, sede e beber, etc.). Contudo, tem predominado a concepção de um estado único, geral, de impulso. Os autores que assim pensam não excluem a possibilidade de haver impulsos específicos, como estímulos de impulsos.

Até aqui temos considerado o impulso primário ou inato, mas o mesmo é válido para o impulso secundário, aprendido e derivado por associação com um impulso primário. Tanto os estímulos do impulso primário quanto os de impulso secundário impelem à ação. Dessa maneira, os behavioristas explicam todo o repertório de condutas que uma pessoa possa apresentar, bem como definem a personalidade como a coleção de hábitos específicos que foram estabelecidos e que compõem esse repertório de condutas. Não consideram necessário supor alguma ordem, organização ou integração desses inúmeros hábitos. Em função disso, argumenta-se que as teorias comportamentais não desenvolveram propriamente uma teoria da pessoa, ou seja, da personalidade. Nesse sentido, em termos formais, apenas a teoria de Dollard e Miller deve ser considerada como uma teoria comportamental da personalidade, a qual tomaremos como referência em nosso estudo. No entanto, para melhor compreendê-la, devemos antes abordar a noção de reforço.

Entende-se por reforço todas as ocorrências que fortalecem a associação entre um dado estímulo e uma dada resposta. Para Skinner, é um estímulo que acompanha uma resposta e aumenta a freqüência de sua ocorrência.

Tradicionalmente, o reforço é interpretado como uma manifestação da Lei do Efeito, de Thorndike (1905): "Qualquer ato que, numa dada situação, produz satisfação torna-se associado com essa situação, de modo que, quando a situação se repete, há mais probabilidade do que antes de o ato ocorrer também. Inversamente, qualquer ato que, numa dada situação, produz insatisfação torna-se dissociado com a situação, de modo que, quando a situação se repete, é menos possível do que antes que o ato ocorra" (cf. Pervin, 1978). Nessas condições, pode-se notar que o reforço constituiu-se em fator motivacional.

Um aspecto relevante a ser considerado é que para haver reforço há sempre a necessidade da participação de uma dada condição fisiológica, seja um estado de privação ou uma condição aversiva como a dor, medo etc. Porém, se essa condição parece ser imprescindível e fundamental para se criar um reforçamento, sua importância decresce e torna-se secundária, segundo os teóricos comportamentais, depois de a aprendizagem ter ocorrido, ou seja, após o hábito ter-se estabelecido.

É em função desse aspecto que o reforço é classificado como primário ou secundário. Uma resposta pode ser reforçadora através da redução dos estímulos primários do impulso (impulso primário), como fome, sede, dor, e também dos estímulos secundários ou adquiridos do impulso (impulso secundário), como ansiedade, vergonha, conformidade, realização etc. O reforço primário se refere aos objetos ou estímulos que reduzem o impulso primário, satisfazendo a necessidade ou carência fisiológica. "O reforço secundário se refere a um estímulo ou objeto que originariamente não é reforçador, mas que assim se torna por associação com outro que o é" (Hilgard, 1975). É o caso da obtenção de fichas para a aquisição de alimento, em certos programas experimentais envolvendo seres humanos ou chimpanzés. É igualmente o caso do uso do dinheiro.

Essa distinção entre reforço primário e secundário tem se tornado importante, pois tem surgido evidência de que, em certas situações, reforços que até aqui vinham sendo considerados primários poderiam estar agindo, nas situações em questão, como reforços secundários. Até mesmo o alimento poderia estar incluído nessa condição, o que tem suscitado uma interpretação alternativa em que a redução da necessidade não seria essencial nem para o reforço primário. Isso levanta a questão no que consiste a qualidade reforçadora de um dado reforço. Segundo Kimble (cf. Cofer e Appley, 1976), são possíveis três interpretações: 1º) *redução de tensão*: neste caso, o reforço teria a propriedade de reduzir a necessidade fisiológica, reduzir o impulso ou então reduzir os estímulos do impulso. Em qualquer uma dessas possibilidades, estaria havendo redução de tensão, o que faria do objeto gratificante um reforçador. Hull é partidário dessa concepção.

Mesmo que a redução de tensão seja reforçadora, por certo não é a única condição reforçadora. Existem condições cujas propriedades reforçadoras não podem ser creditadas à redução de tensão, como nos casos de reforçamento com estimulação intracraniana ou com sacarina; 2º) *conduta consumatória*: seria reforçadora em si, e não pela ocorrência de redução de tensão. Entre os dados que evidenciam essa hipótese, estão os experimentos com cópula pré-ejaculatória. Nesta, o animal pratica a cópula, mas é impedido de finalizá-la, ou seja, ejacular, o que provocaria a redução de tensão. Mesmo assim, esse tipo de cópula é reforçador. Não foi determinado se a condição reforçadora é a resposta consumatória em si, ou se seria a estimulação sexual advinda do parceiro. De qualquer modo, não há redução de tensão, mas, ao contrário, o aumento dela; 3º) *estímulo reforçador*: nesta hipótese, estão enquadrados os estímulos com propriedades reforçadoras em si mesmos, de natureza inata. Também nesses casos não estaria em jogo a redução de tensão. É o que acontece nos experimentos com estimulação intracraniana. Nestes, um animal com um eletrodo implantado no cérebro pode, acionando uma barra, estimular eletricamente uma dada região cerebral, o que provoca prazer. O animal pode aprender uma série de tarefas, se for premiado com a possibilidade de acionar a barra e obter prazer. Isso acontece também nos experimentos com sacarina, que é uma substância de sabor agradável, mas sem valor nutritivo. Novamente podemos condicionar o animal, oferecendo sacarina como reforço. Parece então que, nesses casos, a preferência ou a busca de sensações prazerosas estariam conferindo o poder reforçador, já que não há redução de tensão.

Esses dados nos remetem de volta à relação entre as condições do organismo e a situação reforçadora. Habitualmente, para se obter o reforço, é preciso que o organismo esteja em um estado de privação ou carência e o objeto reforçador sendo o objeto que suprirá o déficit existente. Em função disso, a maioria dos teóricos adotam o conceito de impulso para explicar o mecanismo de atuação do reforço. Contudo, autores como Skinner ou Spence não estão interessados no substrato fisiológico da aprendizagem, mesmo que reconheçam que esta se dá, com freqüência, a partir daquela.

É preciso notar que a visão comportamental não compartilha a crença de que seja necessário um sistema motivacional, para que o comportamento exista. Tal sistema, para os comportamentalistas, é necessário para a instalação do hábito, e, apenas parcialmente ou ocasionalmente, para sua manutenção e evitar sua extinção. Após a consolidação do hábito, o fator desencadeante da conduta será o estímulo. Ele tem a propriedade e o poder de fazê-la. Isso significa que, após a associação ter-se estabelecido, a presença do impulso já não é mais necessária e o estímulo condicionado passa a ter o poder de desencadear a resposta, por si só. O impulso só será requerido ocasionalmente para se obter um novo reforçamento e evitar a extinção do hábito. Desse modo, a hipótese motivacional reduz-se ao hábito, mais especificamente, ao estímulo condicionado.

Inúmeras críticas têm sido formuladas às teorias de impulso. Existem evidências de que não é a privação em si que faz o animal ativo, mas sim a antecipação do alimento (cf. Cofer, 1980). No caso do comportamento sexual em ratos, um estudo de Beach revela que a condição hormonal não é suficiente para provocar o ato sexual, mas, sim, a estimulação proveniente do parceiro (cf. Cofer, 1980). Outras críticas se referem, por exemplo, a: 1º) o fato de o animal deixar de procurar alimento, antes de ter havido alteração nas condições bioquímicas que supostamente teriam causado o impulso; 2º) a noção de que talvez não seja a redução de tensão que causa o reforço de um hábito, mas a atividade consumatória; 3º) a possibilidade de se interpretar os mesmos fenômenos em outros termos, como os incentivos e o reforço.

A idéia de impulso está ligada a uma visão homeostática do organismo, e esse tem sido outro ponto de críticas. O fato de animais realizarem certos aprendizados, tendo recebido como reforço a oportunidade de praticarem uma cópula parcial e incompleta (sem ejaculação), um simples aumento na iluminação ambiental, ou então sacarina, colocam em xeque a importância da participação dos mecanismos homeostáticos na determinação da conduta.

A estrutura motivacional na teoria de Dollard e Miller. Como afirmamos há pouco, a estrutura motivacional é o hábito, ou seja, a conexão de um dado estímulo com uma dada resposta. Na formação do hábito são necessários quatro elementos: o impulso, o indício, a resposta e o reforço. O impulso é entendido como um energizador da ação, deixando o organismo apto a comportar-se. Ele consiste em um estímulo suficientemente forte para impelir o sujeito a alguma ação, independentemente de sua natureza. O que confere a um estímulo a propriedade de se tornar um impulso é a sua intensidade.

O indício, ou sinal, refere-se também a um estímulo, cuja intensidade é suficientemente forte para dirigir a conduta, mas não para motivar, ao contrário do impulso, que é suficientemente forte para motivar, mas sem conseguir direcionar a conduta.

O tratamento dado, nessa teoria, ao tipo de resposta que ficará associada ao indício para formar um hábito implica o conhecimento do que é chamado hierarquia inata de respostas e que se refere a uma tendência a apresentar certas condutas antes de outras, segundo um esquema de propriedades definido inatamente. Assim, em certos contextos, determinadas respostas são mais prováveis do que outras. A aprendizagem (ou formação do hábito) significa que a hierarquia original de respostas foi modificada resultando em nova hierarquia, o que significa acréscimo de novos padrões de respostas e alteração na seqüência de prioridades.

O reforço, como já vimos, fortalece a conexão indício-resposta, por ter a propriedade de reduzir a forte estimulação do impulso.

Entre os aspectos marcantes desse sistema motivacional, encontra-se a ênfase na objetividade e na experimentação rigorosamente controlada. Em função desses aspectos, há uma clara recusa em formular conceitos em termos estruturais internos, centrando-se em conceitos operacionais definíveis. Com isso, a teoria privilegia a participação dos fatores ambientais. Outro aspecto marcante é a ênfase na plasticidade do comportamento humano, advogado por essas teorias. Isso se expressa na atenção que é dedicada aos processos de mudança comportamental.

Como se pode notar, esse sistema motivacional é muito simples e, por isso mesmo, considerado por alguns como insuficiente para explicar a enorme complexidade do comportamento humano. Além disso, ao creditar ao estímulo todo o poder determinante da conduta ficam excluídos de consideração outros fatores reconhecidamente importantes como o genético e o constitucional, os processos cognitivos etc. Por outro lado, essas teorias têm revelado um modo de conceber a participação de fatores não motivacionais na conduta, enriquecendo com isso a nossa compreensão da mesma.

A estrutura motivacional na teoria de Allport. Este foi sem dúvida um dos grandes teóricos da Psicologia da Personalidade. Reconhecido pelo seu ecletismo, incorporou conceitos de inúmeras e distintas fontes teóricas, constituindo-se em um dos poucos autores a expor com detalhes suas idéias sobre a motivação humana. O sistema motivacional que propõe implica fatores motivacionais diversos, operando em diferentes níveis, onde os superiores regulam e controlam os inferiores, os centrais regulam os periféricos, resultando em uma hipótese motivacional das mais complexas e ricas dentre as propostas nas teorias de personalidade.

Vamos de início apresentar uma síntese do que ele considerava importante no campo da motivação humana, inclusive suas críticas a determinados conceitos e princípios.

Allport não concordava com a postura teórica daqueles autores que defendem a aplicação do princípio do determinismo à conduta humana, de forma rígida como Freud e os teóricos da aprendizagem o fazem, por considerar que qualquer processo vital é "inerentemente sintético e criador e que a personalidade é um sistema aberto e em crescimento, um tipo de organização expansiva" (Allport, 1974). Nesse sentido, a concepção determinista se revela insuficiente para explicar o desenvolvimento da personalidade, havendo necessidade de se considerar o desenvolvimento segundo o enfoque teleológico, que diz respeito ao estudo das finalidades e objetivos da mesma. Em consonância, fez restrição à concepção de que o homem age basicamente para reduzir a tensão, considerando necessário a aplicação de outras noções como a tendência exploradora, a competência e a tendência ao crescimento, para explicar certos padrões de conduta. Criticou as teorias que propõem motivos imutáveis a reger a conduta humana, pois acreditava que os motivos que prevalecem numa dada etapa do desenvolvimento podem sofrer transformações e serem substituídos por outros, em uma etapa posterior. Considerava sem sentido interpretar, por exemplo, a conduta de um adulto pelo mesmo motivo que leva uma criança a agir.

Dentre essas transformações possíveis pelas quais um motivo passa está a que Allport denominou "autonomia funcional", que consiste no seguinte: certos motivos que foram meios para atingir certos fins transformaram-se em fins em si mesmos. Dito de outro modo: motivos que na infância serviram a um propósito ou cumpriram um papel perderam essa relação funcional no adulto, passando a existir segundo um propósito próprio. O comportamento persiste, mas sem a razão original. São exemplos de autonomia funcional: o desejo de voltar ao mar de um ex-marinheiro, o avarento que acumula dinheiro e vive na pobreza, o fazer bem uma tarefa sem um ganho material maior por isso etc. Os motivos que se tornam autônomos funcionalmente são aqueles que têm algum sentido para o sujeito. Como suporte para sua tese, Allport considera hipóteses em que certos circuitos automantenedores seriam criados ou acionados, inclusive alguns de natureza neurológica. Considera também certos dados experimentais como os revelados em estudo de Olson (1929). Este autor aplicou colódio no ouvido de ratos, o que os levava a esfregarem seus ouvidos continuamente, na tentativa de se aliviarem da irritação que a substância produzia. Posteriormente, o colódio era retirado e a irritação desaparecia. Contudo, os ratos permaneciam se esfregando do mesmo modo. Para Allport, por causa da repetição, o motivo se tornou parte do "estilo de ser" do animal. Levando em conta todas as considerações mencionadas, Allport entende que, para que uma teoria motivacional seja adequada, ela deve pautar-se em quatro exigências: 1º) todos os motivos devem ser contemporâneos, isto é, presentes. Não concorda com a hipótese de que o comportamento seja fruto de motivos do passado atuando no presente; 2º) deve admitir motivos de vários tipos e diferentes espécies, opondo-se à idéia de que o homem age movido por apenas um motivo básico, seja este impulso, instinto ou outro qualquer; 3º) deve atribuir poder dinâmico aos processos cognitivos; 4º) deve supor a singularidade concreta dos motivos, isto é, incluindo a referência a como ocorrem na pessoa.

Além das noções expressas anteriormente, há algumas que merecem atenção por dizerem respeito a todo o sistema motivacional de Allport. Referimo-nos às noções de diferenciação, integração e disposições pessoais.

A diferenciação se refere à progressiva especialização de uma estrutura, um processo em grande parte determinado pela maturação. Uma estrutura indiferenciada é aquela que se encontra em um estágio inicial, primário, elementar de sua função. Através de sucessivas transformações, ela vai alcançando estágios mais desenvolvidos e estáveis, onde sua função se revela mais aperfeiçoada, alcançando um máximo de especialização, quando atinge, por exemplo, a maturidade.

A integração se refere à inter-relação de duas ou mais estruturas resultando uma unidade funcional. "Sugere uma organização hierárquica da personalidade" (Allport, 1974), onde o mais simples é abarcado pelo complexo, o inferior pelo superior, o periférico pelo central etc.

"Uma disposição pessoal é uma estrutura neuropsíquica generalizada (peculiar ao indivíduo), com a capacidade de tornar equivalente muitos estímulos e iniciar e orientar formas consistentes (equivalentes) de comportamentos adaptáveis e estilísticos" (Allport, 1974). Pode ser de natureza genotípica, expressando então tendências determinantes profundas da pessoa, ou fenotípica, quando se refere a modos de reação habituais e consistentes. Esta costuma ser forma de expressão daquela.

Allport tem uma postura bem definida a respeito da relação entre motivos e disposições pessoais. Enquanto a maioria dos autores separam os motivos dos seus modos de expressão ou satisfação, Allport considera tal separação injustificada; "todas as tendências determinantes são dinâmicas (isto é, causam comportamento), e, assim, de certo modo todas as disposições pessoais têm certo poder motivacional" (Allport, 1974). Algumas são mais motivacionais do que outras, dependendo do nível que ocupam na organização da personalidade. O impulso é sempre o motivo básico, criando um estado motivador, difuso e geral condicionado ou subordinado à atuação das disposições pessoais, as quais, de um lado, selecionam os estímulos do ambiente que desencadearão a ação, e de outro, selecionam as respostas pertinentes a tal estimulação. Feitos esses esclarecimentos, estamos em condições de analisar as estruturas motivacionais propriamente ditas.

Allport parte da noção de impulso como condição instigadora e necessária para o estabelecimento de respostas condicionadas. Esse é o nível mais simples e inferior e é entendido segundo os princípios defendidos pelos teóricos da aprendizagem. É o que seria encontrado, por exemplo, nos bebês e crianças pequenas, ao lado das respostas incondicionadas. É o caso dos condicionamentos relativos a escovar os dentes, tomar banho e refeições em certo horário, lavar as mãos antes das refeições, manter o quarto em ordem, a mesa de estudos arrumada, os sapatos limpos e polidos etc. Essas respostas condicionadas tendem a passar por um processo de integração, constituindo os hábitos. O hábito aqui é definido como a integração de duas ou mais respostas condicionadas. No nosso exemplo, as respostas condicionadas de tomar banho, lavar as mãos, limpar os sapatos, escovar os dentes podem estar integradas compondo um hábito de limpeza ou talvez de higiene pessoal. Nesse nível, pode se notar que Allport foge da proposta comportamental, já que esta não prevê a integração de resposta condicionada e não teoriza a esse respeito, admitindo apenas a simples associação entre elas.

O que regula tais integrações? Isso se daria sob a interferência de disposições constitucionais ou outras tendências básicas mais elementares, como expusemos anteriormente com relação às diferenciações que ocorrem. Com o desenvolvimento, novas integrações e diferenciações vão ocorrer; da integração dos inúmeros hábitos específicos com um sentido adaptativo comum surgem os traços. Essas integrações vão ocorrer "em função de algum conceito geral ou alguma auto-imagem, levando-se em conta inclusive as influências de temperamento, inteligência e constituição" (Allport, 1974). O traço é definido como... "uma estrutura neuropsíquica que tem a capacidade de fazer com que muitos estímulos se tornem funcionalmente equivalentes e de iniciar e orientar formas equivalentes (com sentido coerente) de comportamento adaptativo e expressivo" (Allport, 1974). O leitor pode perceber que a definição de traço e de disposições pessoais coincidem. "As disposições pessoais se referem àquilo que existe na pessoa, na sua natureza. É a unidade individual" (Allport, 1974). O traço se refere a padrões comparativos, a categorias nas quais classificamos as pessoas e expressam essas mesmas categorias.

A integração de vários traços vão compor um dos inúmeros "eus" que o indivíduo desenvolve. Dessa forma, surgem o eu corporal, a auto-identidade, a auto-estima, o eu racional, o eu cognoscente, a extensão do ego, a auto-imagem e os esforços do *proprium*. A integração desses eus parciais ou setoriais resulta no *proprium*, que é uma espécie de self ou eu-mesmo, isto é, tudo o que confere unidade e significado às experiências do sujeito.

Esse é um sistema motivacional complexo. Se, de um lado, Allport parte da noção de impulso como instigador, por outro, não aceita que toda conduta possa ser reduzida à mera existência do impulso. Ao contrário, para compreender certas condutas, é imprescindível evocar a participação dos níveis mais superiores. Apesar de o impulso fazer parte de condutas mais diferenciadas e superiores, não é bastante para justificá-las. É nesse nível que se inserem os valores, ideais e intenções, os quais conferem um sentido pessoal às condutas do indivíduo, ao mesmo tempo que revelam seu poder motivacional, mobilizando o indivíduo em certas direções. Desse modo, Allport, ao lado da redução de tensão, introduz a orientação para o futuro. É um esquema que explica o imediatismo da criança e a busca de fins de longo alcance do adulto.

É digno de nota o fato de que nessa concepção a conduta não se inicia em um único ponto, mas pode surgir da participação e envolvimento de qualquer um dos níveis.

Deve-se também ressaltar que através dessa visão multifacetada podemos, com relativa facilidade, perceber no que consiste a individualidade pessoal.

O sistema motivacional de Allport tem sofrido várias críticas. Entre elas, destacam-se as seguintes: 1?) seu sistema é excessivamente autodeterminante, dando pouca consideração para o papel dos determinantes ambientais; 2?) não é um sistema prático, de fácil operacionalização.

As estruturas motivacionais na teoria de Cattel: a teoria de Cattel (1977), como a de Allport, centra-se na noção de traço, que é uma tendência reacional ampla, que responde pela consistência e regularidade do comportamento. Os traços que respondem pela motivação são os dinâmicos, os quais podem ser de natureza constitucional, os *ergs*, ou de natureza social, os *sentimentos*.

Para Cattel, na raiz de qualquer comportamento encontram-se os *ergs*, que se referem aos impulsos biológicos inatos, básicos. Um erg é definido por Cattel (1950), como... "uma disposição psicofísica inata que torna seu portador sensível a certa classe de objetos, o que o leva a experienciar uma emoção específica e dá início ao curso de uma ação". É a fonte de toda energia impulsiva. O comportamento originado em um erg tem por meta uma atividade consumatória específica e desaparece quando ela é atingida. Como o erg é um traço, implica não só a capacidade de energizar, mas também de conferir direção à conduta. Cattel identificou dez tipos de ergs: sexo, auto-afirmação, fuga, proteção, sociabilidade, exploração, construção, narcisismo, luta, busca de repouso.

Dos ergs derivam-se os *engramas* ou traços moldados pelo meio, isto é, traços aprendidos. Os engramas se referem a sentimentos, atitudes e interesses. Destes, os sentimentos são considerados como os mais importantes e convergem para um único objetivo social, referindo-se à profissão, religião, família, interesse por jogos e esportes, interesses mecânicos e sentimentos pessoais. Os sentimentos são mais estáveis e permanentes do que as atitudes e interesses.

Um erg pode dar origem a vários sentimentos e um mesmo sentimento pode ter sido originado de mais de um erg. Do mesmo modo, um sentimento pode dar origem a várias atitudes, bem como uma atitude pode ter origem de vários sentimentos. Essa é a noção de rede ou *subsidiação dinâmica*. O conceito de rede dinâmica permite compreender a complexa inter-relação de motivos resultantes em um único comportamento, onde este pode estar satisfazendo a vários impulsos. O fim último é sempre a satisfação de impulsos biológicos, mas estes podem estar se manifestando isoladamente, combinados entre si, ou até mesmo em conflito entre si. No *estado integrado*, a satisfação de um erg está integrada à satisfação de outro(s) erg(s). No *estado não integrado*, a satisfação de um está em conflito com a de outro(s).

O sistema motivacional de Cattel, como o de Allport, tenta fazer justiça à complexidade dos motivos humanos. O uso da noção de subsidiação dinâmica, formulado originalmente por Murray e empregado por Cattel, nos permite uma imagem bastante clara de como inúmeros fatores podem se combinar, resultando em um comportamento. Um aspecto interessante dessas combinações de fatores é o envolvimento de dois ou mais ergs, resultando na composição de um dado sentimento, atitude ou interesse. Essa visão não coincide com a de muitos autores que tendem a conceber a participação de impulsos específicos, isolados, para condutas específicas. Deve-se também notar que essa concepção abrange a participação de fatores genéticos e constitucionais, ao lado dos fatores ambientais.

SISTEMAS MOTIVACIONAIS FUNDAMENTADOS NA NOÇÃO DE INCENTIVO

O conceito de incentivo se refere a condições, objetos ou estímulos externos dotados das seguintes propriedades: 1º) podem ativar o comportamento se for dada uma amostra do mesmo, antes do desempenho; 2º) modificam o desempenho de um comportamento; 3º) induzem a uma aproximação ou afastamento dos mesmos. Eles envolvem o direcionamento do organismo no sentido de uma condição atraente ou aversiva.

As modificações que o incentivo provoca no comportamento são muito rápidas, daí porque não podem ser creditadas a mudanças dos hábitos, que são lentas. Outra característica sua é que o incentivo atua mais no desempenho do que na aprendizagem.

O incentivo produz no organismo um estado de excitação ou ativação que o impele à aproximação ou afastamento do objeto-meta. Essa excitação seria evocada pelo incentivo e não pelas condições de privação, como na teoria do impulso.

O mecanismo de ação do incentivo é a antecipação. Através dela, o animal é instigado à ação que promete recompensa. A antecipação de resultados positivos acentua a tendência à ação, enquanto a antecipação de efeitos negativos inibe a ação.

Atkinson verificou que a perspectiva de recompensa tem conseqüências tanto para a expectativa quanto sobre o valor do incentivo. A expectativa está diretamente relacionada com a probabilidade de êxito e, quanto maior esta, maior aquela. Já com o valor de incentivo positivo dá-se o contrário. Quanto mais fácil o êxito, menor o valor do incentivo (cf. Gerwitz, 1973).

Vários autores têm se definido a respeito dos incentivos, considerando-os tanto no papel de realçador do impulso quanto no de redutor de impulso. Talvez a teoria mais interessante seja, contudo, a de McClelland, que iremos apresentar.

A estrutura motivacional na teoria de McClelland. Para se ter uma adequada compreensão acerca da teoria motivacional de McClelland (1958), é necessário considerar algumas noções básicas que ele apresenta acerca da motivação.

McClelland é um crítico das concepções monistas de motivação, que acredita que a complexidade e a riqueza do comportamento humano exigem a postulação de inúmeros motivos para a sua compreensão. Discorda de que a condição de privação nos tecidos (impulso) tenha poder motivacional por si só, pois não se confirma na prática. Ao contrário, cita inúmeras condições fisiológicas em que há um estado de privação específico, que não resulta em comportamento. É o

71

que se passa, por exemplo, nas inalações de monóxido de carbono que acarretam um estado de anoxia (deficiência de oxigênio), sem, aparentemente, resultar em um estado de motivação para busca de oxigênio (cf. Lazarus, 1979).

Por outro lado, faz uma séria crítica às proposições de orientação experimental que tentam generalizar os resultados obtidos com animais, em laboratório, estendendo-os ao comportamento humano. Questiona, dessa forma, a persistência dos motivos adquiridos no homem, enquanto o mesmo não se dá nos experimentos com animais em laboratório, ou seja, as atuais explicações se revelam insatisfatórias. Como explicar a persistência e a força das necessidades psicogênicas humanas, às vezes tão poderosas que levam à frustração de necessidades biológicas primárias, como nos casos de ascetismo, martírio ou treino atlético?

Coloca em dúvida o modelo de redução de tensão, tal como sustentado nas teorias de instinto e de impulso, pois em certas condições o animal age por *preferência* a um tipo de alimento que lhe é agradável, mas não nutritivo, deixando de consumir o alimento nutritivo que também estava à sua disposição. Esse dado valoriza os motivos de cunho claramente hedonista.

Outro aspecto importante em sua teoria é a distinção que faz entre o conceito de motivação e o de causação (ou determinação) da conduta. Entende a causação envolvendo uma série de fatores, entre eles, os motivacionais. A causação é mais abrangente do que a motivação. Na causação de uma conduta, entram em cena fatores como os traços, os valores, os papéis sociais, além dos motivos. Estes últimos têm uma característica básica, que é o fato de serem dirigidos a um fim ou objeto, enquanto os demais determinantes carecem dessa propriedade. Discordando de Allport, por exemplo, nega que os traços tenham poder motivacional: "Um traço é uma tendência aprendida de um indivíduo reagir como ele tem reagido mais ou menos satisfatoriamente no passado em situações similares quando similarmente motivado" (McClelland, 1951). O motivo confere direção e orientação à conduta.

Dependendo das circunstâncias, a motivação pode ser menos importante na determinação de uma conduta do que a participação dos demais fatores. Não se conclua dessa afirmação, porém, que seja possível a ocorrência de uma conduta sem motivos.

Defende o ponto de vista *indutivo* em contraposição ao *dedutivo*, utilizado pelos autores de orientação clínica, os quais partem das condições conseqüentes para as antecedentes, isto é, partem do comportamento para a identificação do motivo subjacente que o produziu. McClelland enfatiza o efeito do motivo sobre a ação, e, nesse sentido, procura identificar as condições motivacionais para, introduzindo-lhes variações, verificar as suas conseqüências sobre o comportamento. Dessa forma, procura aliar a prática à teoria através da pesquisa, estabelecendo as definições operacionais que permitam realizar tais experiências. Nesse sentido, suas contribuições têm sido significativas para o campo da motivação. Passemos então às suas concepções motivacionais propriamente ditas.

Segundo McClelland, o organismo tem uma aptidão inata para experienciar sentimentos agradáveis (afeto positivo) ou sentimentos desagradáveis (afeto negativo), bem como uma tendência natural a procurar aqueles e evitar estes. Essa é a base que o leva a propor a existência de duas classes de motivos: os de procura da experiência prazerosa e os de evitação de experiência desprazerosa. No entanto, a aptidão inata para a experiência agradável ou desagradável e a tendência de procura-evitação não constituem, por si sós, um motivo. É necessário que o indivíduo estabeleça uma associação entre um desses estados afetivos e a ocorrência freqüente de certos eventos, de modo que o indivíduo passe a esperar que eles ocorrerão no futuro. Quando surge um sinal de que o evento ocorrerá, o indivíduo já forma uma idéia do fato, isto é, cria uma expectativa do que virá a seguir. Essa é a idéia de motivo para McClelland: "...uma forte associação afetiva, caracterizada por uma reação antecipatória a um fim, e baseada em associações passadas de certos indícios com prazer ou dor" (McClelland, 1951).

O motivo se refere a uma antecipação de mudança no estado afetivo. Torna-se claro, agora, por que a condição de privação dos tecidos e as sensações agradáveis ou desagradáveis, por si mesmas, não devam ser interpretadas como motivos, tal como fazer as teorias de impulsos, pois, sem a experiência passada que cria a associação entre o estado afetivo e o evento, não resulta a criação de uma expectativa, e sem esta não há motivo. Dito de outra maneira, todo motivo é aprendido; o indivíduo aprende a esperar por um determinado tipo de experiência (ou estado afetivo), agradável ou desagradável, quando frente a determinado tipo de estímulo que foi associado a tal estado afetivo, no passado. Deve-se realçar que essa é uma forma de aprendizagem, *sem reforço*.

Quais seriam as condições que dão origem aos motivos de procura e motivos de evitação? Fundamentado na noção de *nível de adaptação*, de Helson (1948), McClelland interpreta que o fator que condiciona a qualidade da experiência afetiva (prazer ou desprazer) é o grau de discordância entre o que se espera que aconteça e o que de fato acontece. Quando o grau de discordância entre a expectativa e a ocorrência é de pequena monta (tanto para mais como para menos), resulta em afeto positivo, ou agradável. Quando o grau de discordância entre a expectativa e a ocorrência é de grande valor (tanto para aumento quanto para diminuição), resulta em afeto negativo. Em outras palavras, a experiência será agradável ou desagradável, conforme o grau de correspondência entre a expectativa e a realidade seja maior ou menor. Vamos ilustrar isso com uma situação hipotética: suponha que o grau de expectativa que você apresenta na hora do almoço seja 10 e na realidade você se alimente no grau 8 (a menos) ou 12 (a mais). Em ambos os casos, houve pequena diferença entre o que você esperava e o que aconteceu; o afeto será positivo. Mas se na realidade você tiver se alimentado no grau 2 (muito pouco) ou 18 (excesso), portanto, com alta discordância entre sua expectativa e a realidade, o afeto resultante será negativo. Note que, nessa concepção, não é o caráter da experiência (satisfação ou frustração da necessidade) que confere a qualidade do afeto, mas a relação entre a quantidade de satisfação ou frustração ocorrida e a quantidade esperada.

Nessa forma de interpretar, não faz diferença se o afeto implicado for de amor, alegria, ternura ou medo, raiva, inveja etc., pois o que conta é a proporção do que é esperado e do que ocorre realmente.

Continuando com nosso exemplo, suponhamos que sua experiência freqüente seja a de que sua expectativa seja correspondida com pequenas variações (para mais ou para menos). Você irá então apresentar uma expectativa otimista, isto é, um motivo de procura, sempre que se defrontar com um indício de situação semelhante àquela. Nesse momento, você estará sentindo um afeto agradável e inclinado a atingir aquele fim. Tomemos agora o exemplo oposto: sua experiência freqüente tem sido a de excessiva saciação ou então muito pouca saciação (que equivale a dizer grande frustração). Você passará a apresentar uma expectativa pessimista, desenvolvendo um motivo de evitação, e, sempre que se defrontar com o estímulo que esteja associado àquela situação, você sentirá desprazer e inclinado a evitar ou fugir da situação atual que o estímulo prenunciou. Nesses exemplos, fica claro que, em qualquer tipo de experiência, é sempre possível haver um motivo de procura ou um motivo de evitação.

A teoria motivacional de McClelland apresenta alguns aspectos interessantes. Em primeiro lugar, ela resgata o hedonismo, como princípio básico do comportamento humano, de forma bastante original e sugestiva. Fugindo da simples afirmação da natureza hedonista do organismo, ele procura explicitar no que consiste a experiência do prazer ou desprazer. A esse fundamento de natureza biológica contrapõe-se a idéia de que todo motivo é aprendido, isto é, as expectativas são aprendidas.

O ponto mais vulnerável e crítico, reconhecido inclusive por McClelland (cf. Evans, 1979), refere-se à quantificação daquilo que é definido como *grandes* ou *pequenas discrepâncias* e das quais resultariam a impressão agradável ou desagradável da experiência. Não obstante esse aspecto, sua teoria revela um lado pragmático, facilmente constatável em seus trabalhos sobre necessidade de realização.

SISTEMAS MOTIVACIONAIS FUNDAMENTADOS NA NOÇÃO DE NECESSIDADE

A necessidade é outro conceito motivacional surgido em função das críticas e limitações atribuídas principalmente às noções de instinto e impulso. Refere-se a certa quantidade de energia, acumulada nos tecidos de uma dada região corporal e manifestando-se como uma força com o poder de impelir o organismo em direção a um objeto ou atividade que causa satisfação. É uma concepção que se enquadra no modelo de redução de tensão. Segundo os principais autores que se utilizam desse conceito, Murray e Lewin, a produção dessa energia está ligada aos processos fisiológicos que acontecem na intimidade dos vários tecidos orgânicos, o que pode ser despertado tanto por condições internas quanto externas. Dada a enorme complexidade do que se passa em termos psicofisiológicos nesse nível de fenômenos, esses autores preferem operar com um tipo de conceito mais amplo, mas não necessariamente mais genérico do que os conceitos de instinto e impulso. Assim, as questões relativas à natureza dessa energia ou força são deixadas para a investigação experimental, atendo-se os autores apenas aos efeitos supostamente devidos a ela. Isso representa uma vantagem, à medida que liberta a pesquisa da motivação daquelas raízes excessivamente biologistas. Enquanto concebido assim, genericamente, como uma força, o conceito de necessidade abre espaço para se pensar a motivação em termos essencialmente psíquicos, rompendo com a *tradição biologista*, sem deixar de reconhecer, contudo, a participação dos fenômenos fisiológicos humanos, além de criar um campo novo de pesquisa, extremamente rico e promissor. Exemplo disso são os trabalhos desenvolvidos a partir da noção de necessidade de afiliação, realização etc.

Coincidentemente, as duas teorias que se fundamentam no conceito de necessidade são protótipos de *teorias de campo*, dado o seu caráter interacional ao configurar a relação organismo-ambiente.

A estrutura motivacional na teoria de Murray. Este autor é bastante eclético e sua teoria representa um sério esforço de síntese de princípios, noções e conceitos oriundos das mais diversas fontes como a psicanálise, psicologia da aprendizagem, gestalt etc., o que se traduz na formulação de uma das mais ricas e complexas teorias motivacionais.

Sua hipótese motivacional parte do conceito psicanalítico de id, com algumas modificações. Este se refere à origem da energia psíquica, "o agregado de impulsos instintivos básicos" (Murray, 1938). Mas não se limita às disposições inaceitáveis, como propõe Freud, sendo ..."constituído de todas as energias, emoções e necessidades básicas (vetores de valor) da personalidade, algumas das quais inteiramente aceitáveis..." (Murray, 1965). Refere-se aqui a funções como a ingestão alimentar, respiração, defecação, expressão afetiva, que no recém-nascido não podem ser atribuídas ao ego. Em resumo, o id é fonte de energia psíquica, que irá se expressar sob a forma de uma *necessidade*.

Este termo ganhou o destaque que hoje ocupa dentro da Psicologia graças ao trabalho de Murray. É definida por este autor como "uma força (de natureza físico-química desconhecida) na região do cérebro, que organiza a percepção, a apercepção, a intelecção, a conação e ação, de maneira a transformar em uma certa direção uma situação insatisfatória existente" (Murray, 1938). Pode ser provocada por processos internos, fisiológicos (necessidades viscerogênicas) ou por fatores ambientais que geram *pressões* sobre o sujeito (necessidades psicogênicas). Fruto de um meticuloso trabalho de identificação e classificação, Murray propôs a seguinte lista de necessidades: submissão, realização, afiliação, agressão, autonomia, oposição, defesa, deferência, domínio, exibição, autodefesa, temor, altruísmo, ordem, entretenimento, rejeição, sexo, sensibilidade, apoio, compreensão.

A identificação de uma necessidade se dá em função: 1º) de um efeito comportamental típico; 2º) um modo ou padrão comportamental típico; 3º) da busca, evitação ou seleção, atenção ou resposta a um dos poucos tipos de pressão (objetos catexiados de uma certa classe); 4º) a expressão de certos sentimentos ou emoções; 5º) expressão de satisfação-insatisfação, quando o resultado final é alcançado ou frustrado (Murray, 1938).

Cada necessidade implica um aspecto qualitativo ou direcional, e um aspecto quantitativo ou energético, orientando os processos físicos e psíquicos ao longo de um determinado curso e produzindo um determinado efeito. É uma hipótese (construto) e se refere ao "empurrão", à causa inicial ou inquietação que desencadeia a ação. Ao atingir a meta, há redução de tensão e satisfação da necessidade.

Após sucessivas experiências desse tipo, o objeto torna-se valorizado (investido de *catexia*), e a partir daí um percepto ou sua imagem, ou a imagem de qualquer componente do sistema, pode despertar a necessidade e assim dar início à atividade. Todos os modos de ação e os objetos-meta são, portanto, adquiridos mediante aprendizado.

Apesar de reconhecer a redução de tensão como um elemento da motivação, Murray dá maior ênfase ao estado iniciador, mais que o estado final. "Não é o estado desprovido de tensões, como supunha Freud, que é geralmente mais satisfatório para um organismo sadio, mas o *processo* de redução de tensão" (Murray e Kluckhohn, 1965). Isso significa que o organismo prefere abandonar uma condição de repouso e buscar ativamente a tensão. Esse esquema permite explicar por que uma pessoa age, mas não explica por que apresenta um determinado ato e não outro, ou por que age em relação a um dado objeto e não a outro. Para responder a essas questões, são necessários os conceitos de pressão e catexia.

O conceito de pressão foi desenvolvido por Murray para representar a realidade ambiental e seu efeito sobre o sujeito, antes deste emitir sua resposta. Por definição, "pressão de um objeto é o que ele pode fazer ao sujeito e para o sujeito — o poder que ele tem de afetar o bem-estar do sujeito de um modo ou de outro" (Murray, 1938). O objeto pode nos afetar objetivamente (pressão alfa) e/ou subjetivamente (pressão beta). Significa que ele, pela sua simples presença ou existência, revela-se capaz de nos induzir algum estado emocional. Se estou frente a uma cadeira (independentemente de eu estar cansado, com vontade ou não de me sentar), sinto sua presença, sou testemunha de sua ocorrência. Constato o seu existir. A pressão que ela faz sobre mim é a de exercer sua existência, afirmar sua mera ocorrência. "Ela designa uma tendência direcional no objeto ou situação" ... "uma *potência* no ambiente" (Murray, 1938). Em outras palavras, o objeto ou a situação ambiental tem o poder de exercer um certo tipo de efeito, facilitador ou obstaculizante, sobre o organismo. "Pode se dizer que a pressão é uma Gestalt temporal de estímulos, os quais usualmente se manifestam à guisa de *ameaça de um dano* ou *promessa de um benefício* para o organismo" (Murray, 1938).

Para caracterizar o atributo ou propriedade do objeto que desperta atração ou repulsão no sujeito, usa-se o conceito de catexia. Por *catexia*, Murray entende "o poder de um objeto originar uma resposta de um certo tipo, no sujeito" (Murray, 1938).

Como citamos há pouco, nas relações sucessivas com os objetos, estes vão adquirindo uma conotação de valor, positivo ou negativo para o sujeito, isto é, passam a se tornar atraentes ou repulsivos ao sujeito, de modo mais ou menos persistente. Eles adquirem a capacidade de provocar afeição ou desagrado (Murray e Kluckhohn, 1965). Diz-se então que os objetos adquiriram catexia positiva ou negativa.

Há ainda que se considerar a noção de *valor*. Murray considera que as necessidades operam a serviço de certa espécie de valor, isto é, exercem certos efeitos ao mesmo tempo em que desempenham certo papel ou função na dinâmica do organismo. Para caracterizar esse aspecto do comportamento, ele se valeu dos conceitos de vetor, valor e vetores de valor. O *vetor* se refere à tendência de ação, o modo de se comportar em relação a alguma coisa, enquanto *valor* se refere à qualidade que torna alguma coisa estimada ou válida e que se traduz por uma quantidade de bens ou por um significado específico. Murray descreve os seguintes vetores: rejeição, recepção, aquisição, construção, conservação, expressão, transmissão, eliminação, destruição, defesa e evitação. Os valores são: corpo, propriedade, autoridade, filiação, conhecimento, forma estética e ideológica. Cada vetor pode se combinar com cada um dos valores resultando na formação de *vetores de valor*. Exemplos: rejeição de filiação, evitação do conhecimento, eliminação da autoridade etc.

Por fim, devemos abordar a noção de *subsidiação* das necessidades, ou seja, certas necessidades são ativadas por outras ou operam o serviço dessas outras. Assim, a necessidade de ir ao trabalho implica a seqüência de necessidades de caminhar até o carro, dirigilo, estacioná-lo, voltar a caminhar etc. Podemos observar que, em uma seqüência comportamental, certas necessidades são instrumentais para a consecução de outras necessidades mais importantes ou significativas.

Temos agora em mãos todos os conceitos motivacionais desse complexo sistema. A compreensão rigorosa de um motivo implica a caracterização precisa da necessidade, evocada por fatores internos ou pelas pressões exercidas pelos objetos catexizados, bem como a identificação dos valores envolvidos. Qualquer motivo é a resultante da conjunção e interação de fatores intra e extra-organismo, que operam em planos distintos, desde o nível fisiológico até o nível mais elevado dos valores e ideais humanos.

Essa teoria apresenta vários pontos de destaque. O conceito de necessidade, tal como foi formulado, tem se revelado bastante operacional, o que pode ser atestado pelo uso freqüente em Psicologia. Além disso, a noção de subsidiação também se revela prática para o estabelecimento das prioridades entre várias necessidades. Outro ponto alto da teoria é o fato dela englobar os complexos fenômenos da motivação e criar condições de abordá-los em diferentes níveis. Semelhante ao uso de um microscópio, onde, em um momento, pode se obter uma visão em detalhes em outro momento uma visão panorâmica, os conceitos de necessidade, pressão, catexia etc. permitem que o mesmo fato seja abordado e compreendido em múltiplas facetas. Essa é a característica mais marcante das teorias de campo, na medida em que rompem com a dicotomia autodeterminação *versus* alodeterminação do comportamento.

Entre as críticas formuladas a esse sistema, uma das mais freqüentes se refere ao aspecto pouco econômico de sua aplicação, que exige muito tempo de investigação do sujeito. Essa crítica em realidade só procede quando se tem por objetivo o estudo de grande número de pessoas, perdendo sua razão de ser quando o objetivo é o estudo aprofundado e intensivo de uma pessoa.

A estrutura motivacional da teoria de Lewin. Kurt Lewin (1965) foi o primeiro psicólogo a formular uma teoria de campo da personalidade e, dentre todas as existentes, a sua é a mais conhecida. Essa notoriedade é uma expressão direta da enorme influência que suas idéias tiveram sobre o desenvolvimento teórico e a pesquisa em Psicologia.

Associando principalmente noções advindas da Gestalt e da Matemática, Lewin desenvolveu conceitos em uma linguagem inovadora em Psicologia. Sua idéia básica é a de que o comportamento é função da pessoa e do ambiente, isto é, uma resultante do campo psicológico. Este é o concebido como a totalidade de fatos, coexistentes e mutuamente interdependentes, entendendo-se por fatos tudo o que tem efeitos demonstráveis. Tais fatos se referem a realidades intrapessoais e extrapessoais. Para que se possa compreender o comportamento, é necessário partir da análise da totalidade da situação envolvida na sua determinação, o que implica identificar as condições dentro e fora da pessoa que, integradamente, regem essa determinação.

A totalidade da situação compreende a pessoa, a realidade tal como a percebe, isto é, o meio psicológico, uma parte do ambiente que a envolve e que lhe é psicologicamente pertinente (zona limítrofe) e o restante do ambiente que não existe psicologicamente para ela. A pessoa e seu meio psicológico compõem o *espaço vital*. Este é a totalidade psicológica que determina a conduta. A pessoa está envolvida pelo seu meio psicológico, sem, contudo, ser parte dele e nem estar nele incluída. A realidade externa, física e objetiva (ambiente), não se dá diretamente, mas tão-somente pela mediação psicológica, ou seja, através do meio psicológico (Lewin, 1965).

A dinâmica da motivação se inicia com o surgimento de uma *necessidade* dentro da pessoa, fruto de uma estimulação fisiológica (fome, sede) ou de uma estimulação externa que se manifesta como estimulação psicológica (desejos, intenções). A manifestação da necessidade traduz-se por um acúmulo de *energia psíquica* em certas regiões intrapessoais, o que acarreta um desequilíbrio entre os níveis de energia das várias regiões intrapessoais, gerando uma *tensão* intrapessoal. Esta, porém, não tem o poder de gerar comportamentos, mas deixa a pessoa sensível a certos objetos ou atividades. Nos termos de Lewin, certas regiões do meio psicológico passam a ter uma *valência* positiva ou negativa, que corresponde ao *valor* que aquela região (isto é, o objeto ou atividade no plano objetivo) passou a ter para a pessoa em razão da necessidade. A pessoa fica então inclinada a ·buscar ou evitar a referida região (Lewin, 1965).

Nessas condições, em que a pessoa está carregada de energia, isto é, tensa e com uma necessidade e polarizada pela valência para certas regiões do meio psicológico, manifesta-se uma *força* que age sobre a pessoa, impelindo-a a um comportamento de aproximação ou afastamento da região, conforme a valência seja positiva ou negativa. A valência não é essa força, sendo que seu único poder é o de direcionar a pessoa no meio psicológico. A força que impele ao comportamento é representada por um *vetor* e só tem existência no meio psicológico. Não se identifica com a energia psíquica, com a tensão ou com a necessidade, que são elementos ou fatores intrapessoais, apesar de guardar relação com elas. O mesmo se pode dizer com relação às valências. *Essa força é um poder, uma propriedade do campo psicológico (espaço vital).*

O vetor representativo da força que impele a pessoa a agir possui três propriedades: direção, intensidade e ponto de aplicação. A direção do vetor é definida pela localização da região ou regiões com valência. Sua intensidade depende da distância psicológica entre a pessoa e a região ou regiões, da valência de maior valor e do valor relativo das demais valências. O ponto de aplicação é sempre a pessoa.

A teoria de Lewin é concebida segundo o princípio de busca de equilíbrio ou redução de tensão. Há o alívio ou descarga de tensão, mas Lewin não considera essencial a questão do prazer envolvido nessa descarga, e, sim, a tendência homeostática de busca do equilíbrio.

Mencionamos anteriormente que o ambiente é entendido em termos de uma zona limítrofe, compreendendo realidades físicas e sociais que devem estar contidas dentro do espaço vital, e outra zona que também compreende realidades físicas e sociais, mas que, psicologicamente, não existem para a pessoa, isto é, não têm efeitos sobre o meio psicológico. No entanto, tais realidades podem em um dado momento vir a fazer parte da zona limítrofe, quando então deverão estar representadas no meio psicológico. Esse aspecto é importante na medida em que indica que a predição absoluta do comportamento é uma questão de probabilidades mais do que de certezas absolutas.

Essa teoria tem aspectos interessantes que merecem destaque: 1º) emprega uma linguagem pouco contaminada pelo uso popular e de compreensão relativamente simples; 2º) procura abranger a realidade da interação pessoa-meio; 3º) é estritamente psicológica; 4º) enfatiza a contemporaneidade dos motivos.

Inúmeras críticas têm sido dirigidas à teoria de Lewin. Uma das mais importantes se refere à imprecisão conceitual. De fato, uma análise mais detalhada de vários conceitos suscita uma série de dúvidas face à sua imprecisão. Pode se questionar, por exemplo, se o meio psicológico coincide com o meio interno ou meio intrapsíquico. Ou então perguntar no que consiste a pessoa. É apenas o ser físico ou fisiológico, ou compreende também o ser psíquico? Neste último caso, quais os limites entre o ser psíquico e o meio psicológico? Geiwitz (1973) considera que o aspecto vago da teorização estaria obedecendo a um propósito intencional por parte de Lewin. Realmente, ele disserta sobre as exigências para a elaboração de uma teoria adequada, e o não cumprimento de algumas dessas exigências sugere uma opção pessoal.

Outro ponto vulnerável é que a teoria não é abrangente o bastante para incluir a participação dos fatores biológicos na personalidade. Ao contrário da teoria de Murray, que abriu espaço em sua teoria à participação dos fatores constitucionais, maturacionais e genéticos, Lewin mostra-se interessado exclusivamente nos aspectos psicológicos.

Por fim, há que se considerar a enorme influência que Lewin exerceu em um volume de pesquisas admirável. Essa é uma contribuição inegável de Lewin. No entanto, alguns autores consideram que tais pesquisas não seriam decorrentes dos postulados e afirmações de sua teoria, o que representaria uma limitação do seu valor e importância. Não significa isso, porém, qualquer demérito às pesquisas em si.

AS ESTRUTURAS MOTIVACIONAIS: CONCLUSÕES

Ao encerrarmos a apreciação dos vários sistemas motivacionais que caracterizam as diferentes teorias, parece-nos útil tecer algumas considerações. A variedade de sistemas torna claro que a motivação humana é um fenômeno extremamente complexo, o que permitiu que ela fosse enfocada segundo distintas abordagens e variados princípios. Dessa situação, decorreram uma série de conseqüências. Uma delas é que, durante muito tempo, observamos uma luta ideológica entre as várias escolas do pensamento psicológico, no campo da Personalidade, onde uma teoria tentava se afirmar *sobre outra(s)* e não sobre si mesma. Essa é uma etapa aparentemente inevitável no desenvolvimento de uma ciência nova, apesar de revelar-se, freqüentemente, pouco útil e às vezes estéril. Essa situação vem se modificando gradualmente, em vários sentidos. Um deles se refere à crescente capacidade de tolerar as contradições teóricas, pelo reconhecimento da complexidade do campo e a insuficiência de nossos instrumentos e conceitos, para fazer frente à mesma, na atualidade. Por outro lado, nota-se o desenvolvimento de uma tendência pragmática, que tem valorizado mais o caráter operacional dos vários conceitos motivacionais, deixando para um plano mais afastado as considerações de ordem filosófica. Isso tem se refletido numa convergência de interesses das escolas que, até pouco tempo, assumiam posturas antagônicas. Nesse sentido, vislumbram-se promissoras perspectivas no desenvolvimento da pesquisa.

CAPÍTULO 4

ESTRUTURAS DE CONTROLE

Já vimos que para compreender o comportamento é necessário entender o que dá início, força e direção, bem como a finalidade e o que o encerra. Também fizemos algumas considerações a respeito da motivação e das estruturas motivacionais, que também tratam de alguns desses aspectos.

Vamos passar a considerar agora as estruturas que controlam o comportamento, imprimindo-lhe direção e sentido, favorecendo ou dificultando sua expressão, bem como regulando sua manutenção e mesmo a sua finalização. Como se verá mais adiante, os conceitos estruturais relativos ao controle do comportamento são os mais variados e, de uma maneira geral, são pouco específicos e pouco explícitos. As teorias não se aprofundaram o tanto que se faz necessário na identificação e caracterização dos mecanismos psíquicos e físicos envolvidos no controle comportamental. Por apresentarem conceitos mais amplos e genéricos, parece haver uma grande concordância entre elas, o que é ilusório.

Quando abordamos a questão de como o comportamento é controlado, algumas considerações precisam ser feitas. A primeira se refere à idéia de onde se processa o controle. Alguns autores são enfáticos em localizar a sede do controle dentro do organismo, através de mecanismos intrínsecos a ele, sejam psíquicos ou fisiológicos. Outros concebem a sede do controle como estando fora do organismo, realçando as contingências situacionais. E há também aqueles que pensam o controle como se dando em função de fatores internos e externos, enfatizando o aspecto interacional.

A segunda consideração diz respeito a aspectos da natureza do controle, isto é, se o controle se processa de forma consciente ou inconsciente. Alguns autores dão destaque ao controle consciente, numa posição que se aproxima à do leigo. Este enfatiza o autocontrole, ou seja, o controle que se processa de forma consciente e voluntária. Os autores desse grupo dão ênfase aos processos cognitivos

83

como elementos que controlam a conduta. De outra parte, existem autores (sendo Freud o mais renomado) que concebem os mecanismos de controle como se dando fora do nível de consciência e onde a vontade tem pouco poder.

A terceira consideração também diz respeito à natureza dos mecanismos e se refere ao papel que desempenham no controle, os mecanismos constitucionais e inatos, de um lado, e os processos de aprendizagem, de outro. Compreender o papel e a função que estes dois fatores exercem na aquisição, desenvolvimento e modificação de padrões comportamentais tem gerado algumas controvérsias que merecem nossa atenção. As duas últimas considerações dizem respeito às relações entre estruturas de controle e estruturas e processos motivacionais. Nem sempre é possível efetuar a separação teórica entre esses dois tipos de estruturas e com freqüência iremos nos deparar com um imbricamento de processos motivacionais com os de controle. Mas geralmente as estruturas de controle são concebidas como tendo uma primazia sobre as motivacionais, estas às vezes sendo uma subestrutura daquelas ou então sendo entendida como uma estrutura independente, mas subordinada àquelas. Porém, nem sempre fica claro como se dá essa coordenação de uma estrutura por outra. Poucas teorias explicitam como se processa essa inter-relação, oferecendo com isso poucos subsídios para sua aplicação prática.

O último aspecto a ser considerado é a respeito da finalização do comportamento e estruturas de controle. Um comportamento se encerra ao ser atingida sua suposta finalidade. Como já mencionamos, o hedonismo, isto é, a busca do prazer, parece ser uma propriedade do organismo a reger os seus atos. A maioria das teorias parte de uma suposição hedonista; nem todas, porém, explicitam com clareza o que supõem ser a experiência do prazer, e não temos ainda conhecimentos suficientes que nos permitam formular hipóteses mais precisas e eficientes a respeito desse tema. A descarga de energia ou alívio de tensão têm sido noções propostas para expressar o hedonismo. Mas existem noções alternativas à concepção hedonista. Uma delas, contribuição da Gestalt, refere-se à tendência ao fechamento de uma estrutura incompleta e foi enfatizada por Allport, entre outros. Também aqui estamos no início do caminho, isto é, parece que teremos que conhecer muito mais até termos estabelecido, em bases mais sólidas, os princípios, condições, mecanismos e processos implicados nesses vários aspectos da ocorrência de um comportamento qualquer.

CONCEPÇÕES PROPOSTAS

Há várias formas e modelos de controle propostos nas diversas teorias. Inicialmente, iremos considerar as teorias que pensam as estruturas de controle como controle do impulso tal como Lazarus (1979) preconiza. Já vimos a hipótese do impulso como instigador e energizador da conduta. Dessa maneira, deve-se pensar como o impulso é direcionado, barrado, transformado ou expresso diretamente e satisfeito em sua finalidade. A grande maioria das teorias que se valem da noção de impulso pensa-o como quantidade de energia psíquica que, ao fluir em certas direções, impele o organismo a agir segundo estas. É o modelo físico, hidráulico, adaptado à Psicologia. De todas essas teorias, a mais explícita é a freudiana, onde se descreve não só as condições de surgimento da energia psíquica, como as possíveis evoluções que ela possa oferecer até ser descarregada em um ato. Também se procura precisar a natureza dessa suposta energia, indicando suas propriedades e particularidades.

Outras teorias como as de Cattel, Murray, Murphy, Maslow são extremamente genéricas em suas apreciações sobre a energia envolvida nos processos psíquicos. Por essa razão, pode se notar que a teoria psicanalítica formule a hipótese de uma estrutura de controle (ego) bem mais clara e explícita do que as demais teorias e, nesse sentido, tem sido uma teoria modelar, daí porque, com freqüência, outros autores se valem dos seus conceitos em suas criações.

TEORIAS QUE ENFATIZAM O CONTROLE INTERNO

A maioria das teorias de personalidade consideram que a conduta é controlada por fatores internos, sejam estes de natureza física (Sheldon, Kretschmer) ou, na maioria dos casos, de natureza psicofisiológica (Freud, Allport, Cattel etc.). Estas últimas costumam ter alguns pontos em comum, a saber: 1º) concebem que a motivação pode se dar em diferentes níveis, bem como a execução do comportamento; 2º) a conduta tem um sentido e um significado pessoal; 3º) ambos decorrem da organização e integração estruturais. Apesar desses pontos em comum, essas teorias concebem o controle da conduta das mais diversas formas. Apresentaremos algumas concepções teóricas, que ilustrarão os modelos mais interessantes dessa classe de teorias.

A estrutura de controle na teoria de Sheldon. Como Kretschmer, Sheldon considera que o comportamento é essencialmente determinado por fatores constitucionais. Seu modelo de personalidade é o classificatório, especificamente, o de tipos psicológicos.

Concebe a existência de uma estrutura hipotética, o morfogenótipo que responderia tanto pela modelação física do organismo, isto é, pelas características que compõem a estrutura óssea, muscular, visceral etc. do corpo humano, como pela modelação psíquica, isto é, o comportamento. Para esse autor, essa estrutura determinaria geneticamente os caracteres orgânicos e as tendências reacionais e disposições típicas expressas sob certos padrões comportamentais. Sua hipótese básica é a de que há uma correlação entre o tipo físico do indivíduo com seus padrões comportamentais, já que ambos seriam determinados pela mesma estrutura, o morfogenótipo.

Através de mensuração das características físicas objetivas dos indivíduos, Sheldon pôde estabelecer a ocorrência de certas dimensões físicas básicas, pelas quais qualquer indivíduo poderia ser categorizado. Em outros termos, pode se identificar o tipo físico do indivíduo, segundo o valor de suas medidas em cada uma das dimensões básicas.

Posteriormente Sheldon verificou nos indivíduos estudados os traços comportamentais por eles apresentados. Nesse procedimento, ele pôde perceber que havia uma grande tendência de certos traços ocorrerem associados a outros, isto é, era possível identificar padrões de traços psicológicos com alta correlação. Em síntese, era possível identificar tipos psicológicos.

Em uma terceira etapa, Sheldon comprovou que a certo tipo físico estava associado certo tipo ou padrão de traços psicológicos. Isso permitiu então que se pudessem identificar as características psicológicas de um indivíduo, determinando o seu tipo físico.

É preciso esclarecer que essa teoria estuda a correlação entre traços de *temperamento* e estrutura física, e não a personalidade propriamente dita. Nesse particular, é uma teoria que mostrou utilidade, em uma área que tem sido pouco investigada, qual seja, a das características psicológicas de natureza constitucional. No entanto, ao limitar-se apenas a ela, excluindo de consideração todos os demais fatores não-constitucionais, seu âmbito de aplicação se restringiu consideravelmente.

Formalmente, é uma teoria muito pobre, com um corpo de conceitos restrito. Não há praticamente nenhuma elaboração teórica entre o pressuposto básico e os demais conceitos e os dados empíricos.

Por outro lado, uma série de críticas tem sido formulada quanto à metodologia usada tanto para a determinação dos caracteres físicos quanto para os psicológicos, o que coloca em xeque toda a formulação.

86

A estrutura de controle na teoria psicanalítica. A teoria psicanalítica é uma das poucas a propor estruturas e mecanismos explícitos envolvidos no controle do comportamento. Já vimos que sua hipótese motivacional consiste no seguinte: sempre que ocorre uma alteração no nível dos tecidos (déficit ou excesso), o organismo entra em um estado de excitação. Essa alteração, no nível psíquico, corresponde à geração de uma certa quantidade de energia psíquica que é investida na imagem de um dado objeto. A energia psíquica tem um caráter finalista, ou seja, deixa o organismo sensível e de prontidão para buscar o referido objeto, o qual satisfará a necessidade, aliviando a tensão. *A energia psíquica exige a sua própria descarga* através desse objeto. Se o mesmo for proibido, a energia pode ser deslocada para um objeto substituto, sendo descarregada parcialmente; ou pode ser reprimida, sublimada, ou seja, permanecer contida ou tomar outros cursos. O comportamento é o resultado da manifestação dessa energia e o seu controle se faz pelo controle da mesma. Para tal, existem duas estruturas: o *ego* e o *superego*. O primeiro exerce um controle direto, e o segundo, como veremos adiante, um controle apenas indireto.

O ego consiste em mecanismos, funções e processos físicos (por exemplo, motores) e psíquicos (por exemplo, pensamento e afetividade). Através desses, o ego avalia quais instintos (isto é, energia psíquica) podem ser satisfeitos diretamente, quais precisarão ser atendidos indireta e parcialmente e sob quais formas de expressão. O ego responde pelo controle e pela modelação do comportamento. É o responsável direto e único por tais questões. É através desse controle da energia psíquica do instinto, que primariamente visava à satisfação de uma necessidade somática, que o indivíduo passa a ter outros interesses de cunho social ou cultural (Freud, 1976, 1975).

Entre os mecanismos do ego, alguns merecem atenção. Um deles é o mecanismo de *identificação,* pelo qual atributos e particularidades de outras pessoas ou objetos são interiorizados inconscientemente pelo sujeito e assumidos como próprios. É um mecanismo de aprendizagem.

Outra categoria de mecanismos inconscientes do ego são os *mecanismos de defesa,* cuja função básica é proteger o ego da ansiedade, facilitando dessa forma a adaptação do sujeito. Inúmeros são os mecanismos de defesa descritos: repressão, sublimação, deslocamento e projeção são alguns deles. Por uma questão de espaço, não iremos descrevê-los.

Quanto à modelação, ou seja, quanto à forma concreta que o comportamento assume, a responsabilidade também é do ego. Neste caso estão envolvidos mecanismos egóicos de natureza constitucional e mecanismos psíquicos responsáveis pela aprendizagem, como a identificação. A forma que um comportamento assume depende: 1º) de fatores constitucionais e fisiológicos; 2º) de exigências internas de cunho moral e necessidades emocionais; 3º) de exigências externas de cunho moral, social etc.

O ego tende a operar segundo o *princípio da realidade* (Freud, 1976b), isto é, pauta o controle dos instintos e, por extensão, do comportamento, segundo as exigências que a realidade externa impõe, inclusive as de natureza moral ou social. Dizemos tende, porque depende do seu grau de maturidade; quanto mais maduro o ego, mais leva em conta a realidade exterior quando se trata de decidir quais impulsos devem ser atendidos (Freud, 1975).

Quanto à realidade interna, o ego leva em conta os instintos do id, e as exigências morais do superego, que é uma estrutura complementar de controle e que consiste nas normas, deveres, valores e ideais sociais internalizados. O superego opera dando ao ego indicações de aprovação-desaprovação ou valorização-desvalorização ética das condutas requeridas pelos instintos do id, e que o ego decidirá atender ou não (Freud, 1975).

O controle do superego é indireto na medida em que seu único poder é o de censurar os instintos. Ao impor ao ego certas exigências que influem na forma que o comportamento assume, ele responde também, mesmo que indiretamente, por certos aspectos da modelação da conduta.

Os processos, funções e mecanismos que compõem o ego são independentes. Concebê-los como uma estrutura significa que há a uni-los um ou mais fios condutores. Estes se referem, de um lado, ao fato de que tais funções, mecanismos e processos são funcionalmente equivalentes, isto é, desempenham um papel funcional semelhante na dinâmica do organismo. Esse papel se refere à função executiva da personalidade, fazendo a intermediação entre as exigências da realidade interna (física e psíquica) e as condições da realidade externa. São processos que visam levar o organismo à realização.

Por outro lado, para que tais mecanismos e processos cumpram adequadamente a sua tarefa, eles têm que estar ajustados uns aos outros, isto é, tem que haver um certo nível de organização e integração dos mesmos. A psicanálise pensa essa organização e integração como decorrentes principalmente de influências maturacionais e constitucionais, estando favorecidas pelos princípios biológicos que regem o desenvolvimento do organismo. Contudo, a experiência tem um papel fundamental no desenvolvimento e aperfeiçoamento desses processos, bem como na sua organização ou desorganização.

O encerramento da conduta, segundo essa teoria, se dá quando o instinto é satisfeito total ou parcialmente, real ou simbolicamente. O encerramento da conduta, porém, não significa necessariamente a finalização da sua motivação, como verificamos nos casos de fixação, satisfação simbólica etc.

Esse é, em linhas gerais, o modelo básico de controle do comportamento, na teoria psicanalítica. Não podemos deixar de mencionar que a maior parte desses fenômenos se dão em um nível *inconsciente*, o que significa tratar-se de uma realidade marcantemente mais complexa do que a que retratamos.

A concepção estrutural psicanalítica é, sem dúvida, uma das mais bem elaboradas. A célebre expressão "Freud explica" traduz parte desse aspecto. No entanto, precisamente nesse ponto reside uma das mais freqüentes críticas à teoria psicanalítica: a de que ela não tem conseqüências empíricas, dada a sua deficiência em estabelecer as definições operacionais que permitam, a partir do plano teórico, passar ao plano prático (cf. Hall e Lindzey, 1966). Outra crítica se refere à visão excessivamente determinista, excluindo de consideração outras possibilidades e alternativas, na fundamentação do funcionamento psicológico.

Por outro lado, é inegável a contribuição da psicanálise para a compreensão dos determinantes inconscientes da conduta. Deve-se citar também que, além da ênfase na determinação constitucional do comportamento, a psicanálise abriu grande espaço para a compreensão do processo de aprendizagem, ao enfatizar o valor da experiência e ao descrever como se dá a internalização pelo sujeito do sistema social e cultural, com suas normas, valores e ideais. Outra grande contribuição se refere aos mecanismos de defesa e o seu papel na harmonia e equilíbrio da economia psíquica. Por último, há a ressaltar o inegável fato de ser a teoria da personalidade que mais pesquisa gerou.

A estrutura de controle na teoria de Allport. A estrutura de controle na teoria de Allport é o proprium. Este corresponde em parte ao que é o ego e o superego na teoria psicanalítica e ao que é o self em outras teorias. Trata-se da estrutura central superior à qual estão submetidos todos os controles inferiores. Para Allport, as instâncias de níveis inferiores estão submetidas à influência e ação dos superiores. Portanto, sua concepção a respeito de como se dá o controle da conduta é polimórfica, envolvendo níveis distintos e processos diferentes. Assim, existem controles operando sobre condutas mais simples, menos organizadas ou de menor sentido pessoal. Do mesmo modo que, em termos motivacionais, temos motivos mais simples e inferiores (como as necessidades fisiológicas e os impulsos), passando por motivos autônomos até motivos do proprium (superiores, integrados e significativos), também em termos de controle temos níveis distintos.

No nível mais inferior está a resposta condicionada, ou seja, o estímulo externo controlando a conduta. Essas respostas condicionadas podem ser integradas, constituindo os hábitos, o que corresponde a um nível um pouco mais elevado. É o caso dos hábitos fisiológicos de asseio e higiene e dos "bons hábitos" sociais. Ressalte-se que o conceito de hábito, nessa teoria, não coincide com o conceito de hábito, nas teorias comportamentais.

Como vimos anteriormente, os traços se referem a disposições pessoais ou tendências reacionais mais amplas, que se manifestam com regularidade e estabilidade no sujeito, conferindo consistência aos seus comportamentos. Os inúmeros hábitos que o sujeito vai desenvolvendo tendem a se agrupar e a ficar integrados, em função de algum conceito geral, uma tendência básica ou um valor significativo. Os hábitos se constituem de modo independente um do outro. Mas se o indivíduo apresenta uma certa disposição pessoal fundamental, por exemplo, ser metódico ou rotineiro, é possível que ela passe a reger o desempenho de vários hábitos, em si, independentes, como os de limpeza, de ordem e higiene. Nesse caso, notamos que o sujeito desempenha cada um desses hábitos de forma sistematizada, seguindo sempre a mesma seqüência de passos. É um indivíduo sistemático. Em resumo, os hábitos se integram por influência dos traços.

Por sua parte, também os traços podem se combinar, formando *"eus" parciais*. Assim, os traços de rotina, de economia, de objetividade ou funcionalidade podem se compor formando um eu característico pela busca de organização. Nesse nível situam-se as atitudes e interesses básicos da pessoa. Esses eus parciais tendem a se integrar, em função das intenções, dos valores e ideais que o indivíduo desenvolveu, resultando nesse Eu fundamental que caracteriza a identidade pessoal. É o nível mais alto dessa hierarquia, e que Allport prefere chamar de *proprium*. O proprium (EU) é a estrutura nuclear de controle do comportamento.

Nesse sistema de Allport, há uma hierarquia, onde o mais genérico precede o mais específico e o superior tem precedência sobre o inferior. Dessa forma, simples mecanismos fisiológicos (reflexos, respostas condicionadas etc.) são gradualmente integrados ao sistema de valores filosóficos da pessoa, ficando a serviço dela, sem deixar de atender às exigências de natureza biológica. Isso implica dizer que há uma coerência interna regendo essas integrações. O indivíduo nasce equipado com uma série de mecanismos e disposições, geneticamente dados, e destes emerge o que se chama proprium.

Torna-se claro que Allport prevê motivos diferentes para as condutas e níveis e mecanismos distintos para o seu controle, conforme sejam mais periféricos ou centrais, inferiores ou superiores. Evidentemente, o interesse maior está nas condutas determinadas centralmente, pelos motivos do proprium, o que implica a participação de mecanismos cognitivos, níveis de consciência etc. É desse modo que Allport concebe o controle de condutas mais simples e periféricas, tais como, seguir uma lei de trânsito, um costume ou um hábito fisiológico, bem como prevê também o controle em níveis superiores de integração e desenvolvimento, de condutas complexas e significativas para o indivíduo, envolvendo seus ideais, valores e filosofia de vida, como as condutas ligadas ao papel paterno, de cidadão etc.

No que diz respeito à modelação do comportamento, é preciso ressaltar a imensa contribuição de Allport para a compreensão do estilo pessoal de ser. Seus trabalhos sobre a expressividade comportamental já se tornaram clássicos em Psicologia.

As concepções de Allport valorizam a individualidade e nisso está um de seus méritos. Ao mesmo tempo, aí reside um dos pontos nevrálgicos de sua teoria, posto que ela não é de fácil aplicação, além de dispendiosa. Isso não deve ser tomado como falha da teoria, nem como argumento científico, mas apenas o reflexo de uma constatação da realidade. Como Freud, ele enfatiza a determinação constitucional, mas abre pouco espaço para incluir a participação dos processos de aprendizagem na determinação da conduta. Outro ponto de destaque é o seu esquema de integrações, resultando a personalidade como uma organização que prima pela coerência interna.

Entre as críticas dirigidas à sua teoria, duas pelo menos merecem ser citadas. A primeira se refere às poucas conseqüências preditivas ou empíricas da mesma. A segunda, ao fato de a teoria não esclarecer como se dão as interações com o meio.

A estrutura de controle na teoria de Cattel. O controle do comportamento, nessa teoria, está submetido à ação dos sentimentos, particularmente do sentimento pessoal ou self. Os sentimentos, como já vimos, são traços aprendidos, subsidiados pelos ergs (traços inatos), de quem recebem a energia, e, por sua vez, subsidiando as atitudes.

Um erg tem um aspecto direcional, na medida em que sua energia, para ser descarregada, implica uma resposta consumatória, o que significa, necessariamente, um tipo de resposta apropriada às exigências do impulso érgico em questão. Um erg sexual pode ser descarregado em várias respostas, todas consumatórias, mas todas tendo a ver com sexo, de alguma maneira. Esse é o aspecto direcional do erg e o final do mesmo em um comportamento específico. A aprendizagem ocorre fazendo com que, de forma gradual, direcionamentos mais particulares e específicos ocorram, até que se atinja o objetivo final. Dessa maneira, a energia érgica é drenada, inicialmente, através dos sentimentos, que são traços profundos, mas determinados culturalmente. Consistem em padrões reacionais comuns a pessoas, objetos e instituições sociais e representam um objetivo intermediário na descarga da energia. O sentimento leva o indivíduo a pôr atenção em certos objetos ou classes de objetos e a sentir e reagir a eles de um certo modo. Pode-se dizer que os sentimentos se referem aos interesses mais profundos e fundamentais do indivíduo; exemplos disso são o sentimento religioso, o sentimento profissional, o sentimento pessoal (self) e o patriotismo.

Vários ergs podem ter sua energia drenada através de um único sentimento. Assim, os ergs de auto-afirmação, segurança e curiosidade podem estar sendo satisfeitos através do sentimento religioso. Um único erg pode ter sua energia drenada através de vários sentimentos; o erg sexo pode ser satisfeito através do sentimento pessoal, dos interesses mecânicos e do sentimento profissional.

Além disso, é necessário considerar que pode haver certo nível de interação entre os vários sentimentos. Nesse sentido, o sentimento pessoal (também chamado auto-estima ou self) ocupa uma posição ímpar, pois é a estrutura que organiza e integra ergs e sentimentos.

Os sentimentos são expressos em termos de atitudes, as quais se referem ao montante de interesses mais genéricos e fundamentais, representados pelos sentimentos, e assumem formas mais particulares de expressão; assim, o interesse por jogos (sentimento de recreação) pode se expressar em um indivíduo em uma circunstância, pelo interesse em *praticar* futebol, e em outra em apenas assistir pela TV às partidas de tênis. Neste caso, em contextos diferentes, temos duas atitudes diferentes que expressam o mesmo sentimento. Como se pode notar, a atitude implica o grau de interesse que um objeto ou classe de objetos despertam no sujeito e que se manifesta no curso de uma ação. Em termos práticos, isso se traduz no tempo, esforço ou energia gastos em uma atividade.

As atitudes revelam propósitos e intenção, tendo um aspecto direcional mais específico do que os sentimentos. Esse conceito de atitude difere do conceito mais comum em psicologia, que define atitude em termos de inclinação favorável ou desfavorável aos objetos. Segundo Cattel, toda atitude tem três componentes: "1º) tendência a prestar atenção espontaneamente a algumas coisas mais do que a outras; 2º) tendência a ter uma emoção característica, de um impulso e sua ação, como o medo e a excitação sexual; 3º) finalmente, o impulso é para um curso de ação que tem uma meta particular como seu fim" (Cattel e Kline, 1977).

Para se identificar uma atitude, Cattel vale-se da seguinte fórmula: "Nessas circunstâncias (estímulo), eu (organismo) desejo muito (interesse de certa intensidade) fazer tal coisa (objetivo específico e curso da ação) com aquilo (objeto relevante)" (Cattel e Kline, 1977).

Em resumo, o comportamento específico que se manifesta em uma dada situação revela os propósitos e intenções do sujeito, isto é, traduz a sua atitude naquela situação em particular. Essa atitude está a serviço da satisfação de certas necessidades mais básicas e profundas do sujeito, que são os sentimentos, os quais são frutos da interação de disposições inatas elementares (impulsos érgicos) com o meio ambiente.

Essas são as estruturas que conferem direção ao comportamento. Mas essa compreensão ainda está incompleta. Todo esse processo está condicionado à atuação do self (sentimento pessoal), que é uma estrutura mais diferenciada e que regula a diferenciação das demais estruturas (ergs, sentimentos, atitudes, traços temperamentais etc.), bem como coordena a inter-relação das mesmas. Como o self responde pela diferenciação, organização e integração dessas estruturas, em última instância é ele a estrutura central que comanda o sistema, respondendo pelo controle do comportamento, isto é, sua modelação, sua direção e sua finalização.

A teoria de Cattel é bem complexa, e o que apresentamos constitui sua versão simplificada. Deve se apontar, entretanto, que essa complexidade busca representar a complexidade real do ser humano. Nesse particular, Cattel nos dá uma idéia bastante interessante de como a complexidade de um motivo pode ser abordada. O seu conceito de rede dinâmica, inspirado na noção de subsidiação de Murray, ilustra com muita clareza o processo pelo qual o mais simples ou elementar pode se agregar, compondo o mais complexo, segundo inúmeras e diversificadas possibilidades. Esse é um dos grandes méritos dessa teoria. Além disso, é preciso ressaltar que sua teoria deriva da aplicação de toda uma metodologia objetiva de pesquisa centrada na análise fatorial.

As grandes críticas à teoria centram-se, por isso mesmo, na sua fundamentação e uso da análise fatorial. Allport (1974) critica o uso de análise fatorial como instrumento para detectar os traços individuais, argumentando que ela revela a média dos traços de uma população e não o traço individual propriamente dito. Outras críticas se referem ao número de fatores existentes na personalidade humana, a alternativas diferentes de interpretar os mesmos resultados etc. Para os nossos propósitos, no entanto, vale a pena comparar como dois autores, Allport e Cattel, partindo de idéias e conceitos assemelhados (traços, impulsos, motivos complexos), elaboram os mesmos segundo modelos também assemelhados (organização, integração etc.), mas resultando em concepções bastante distintas.

TEORIAS QUE ENFATIZAM O CONTROLE EXTERNO

As teorias que enfatizam o controle externo da conduta são aquelas apoiadas na noção de reforço e incentivo, onde o estímulo tem uma função determinante, sendo o seu paradigma as teorias comportamentais.

A estrutura de controle nas teorias comportamentais. Como o leitor se lembra, a estrutura motivacional, nessas teorias, é o hábito, isto é, a associação que se estabelece entre um dado estímulo e uma dada resposta, após um processo de condicionamento. Depois que se estabeleceu a aprendizagem (ou condicionamento), o estímulo passa a ter a propriedade de desencadear (sendo, então, um fator motivacional) a resposta específica, o que implica direção e sentido de conduta, sendo então também um fator de controle da mesma. Enquanto estrutura de controle, o estímulo mantém e direciona a conduta, o que traduz a concepção de que o homem é um ser essencialmente reativo. A personalidade é entendida como o conjunto de hábitos que se formou, e reconhecê-la equivale a identificá-los. Conhecendo esses hábitos, estaremos em condição de prever a conduta.

É uma concepção simples, em que o leitor pode notar que ela não considera aspectos ligados à filosofia de vida, valores e ideais da pessoa, mas tão-somente àquilo que objetivamente é dado. Outro aspecto próprio dessas abordagens é o uso escasso de teorização com relação aos processos e mecanismos, envolvidos no controle da conduta, ao contrário das teorias estudadas anteriormente. Em conseqüência, pouco há o que se analisar nessas concepções, no que diz respeito às suas propostas de controle.

Inúmeras críticas têm sido feitas a essas abordagens. Allport (1974) foi um desses críticos rigorosos. Objeções são feitas ao fato de que elas não se referem a uma psicologia da pessoa propriamente dita, constituindo-se mais em um tipo de psicologia geral. Ao recusar-se a teorizar os processos psicológicos e o seu papel na determinação da conduta, sob a alegação de que são inferências e não dados objetivos, a abordagem comportamental estaria revelando uma fraqueza e uma limitação mais do que a busca de objetividade.

Críticas como essas têm encontrado eco no meio comportamental e felizmente nota-se nos últimos anos uma crescente manifestação de teóricos dessa escola, como Mischel (cf. Lazarus, 1979), reconhecendo a propriedade de tais críticas e a necessidade de a teoria comportamental enfrentar o desafio da participação de fatores internos, como os processos cognitivos e emocionais, na determinação do comportamento.

A estrutura de controle nas teorias de incentivo — McClelland. A análise das estruturas de controle nas teorias de incentivo suscita uma questão problemática. De um lado, temos as teorias comportamentais que fazem referência ao papel do incentivo na determinação comportamental, mais especificamente no desempenho do comportamento do que na sua aprendizagem. Nesse particular, o incentivo é um tipo de estímulo desencadeante com algumas propriedades particulares e, como tal, sua participação no controle comportamental não se diferencia de outros estímulos desencadeantes, como foi visto na seção anterior.

Por outro lado, na teoria de McClelland, apesar de o incentivo ser considerado em seu aspecto objetivo, externo ao sujeito, essa condição está indissoluvelmente ligada a uma *condição interna presente*, o que significa com clareza um caráter interacional a essa concepção, o que faria mais jus se ela fosse considerada entre as teorias de controle interno ou as teorias de campo.

Esse autor pensa a personalidade em termos de motivos, traços e sistema de valores. A reger e integrar todo o sistema, concebe a existência de um self, que responde pelo sentido pessoal da experiência. Assim, tudo o que é significativo ao sujeito diz respeito a essa estrutura central. Tal como a psicanálise, McClelland concebe a existência de um ego, superego, o ego-ideal, respectivamente, como a estrutura executiva e a estrutura moral, mas operando de forma integrada pelo self. Uma das propriedades desse self é a autoconsistência. Tudo o que se relaciona com ele será consistente para o indivíduo. Em caso contrário, será inconsistente para ele. Em vista desse esquema, podemos dizer que a direção do comportamento é dada pelo objeto externo que configura o incentivo, mas também e *igualmente* pelo self, que busca a experiência consistente. Essa consistência foi estabelecida, como já vimos, nas experiências passadas, o que acarretou a criação de certas expectativas com relação a elas. Em função dessas expectativas aprendidas, o sujeito busca ou evita certas experiências, ou, dizendo mais especificamente, assume este ou aquele comportamento.

Se a direção do comportamento está condicionada à atuação do self, o mesmo se pode dizer da sua modelação. A forma e o padrão comportamental a ser manifestado sofrem essa mesma determinação, o que fica claro no conceito que McClelland faz de traço. Este representa apenas uma tendência à repetição daqueles padrões comportamentais que se mostraram úteis, isto é, consistentes.

A finalização do comportamento depende da consecução do objetivo, ou seja, do alcance da meta esperada, resultando em satisfação ou insatisfação, conforme o caso. Como se pode notar, essa teoria não nega a redução de tensão, mas centra-se na busca de equilíbrio (consistência). Merece realce a preocupação constante de McClelland em operacionalizar os conceitos e com isso viabilizar pesquisas que lhes confiram validade. Outro aspecto a ser realçado é a ênfase na natureza hedonista do organismo, mas dentro de uma concepção inovadora e instigante, abrindo novas perspectivas para a compreensão dessa característica humana.

TEORIAS QUE ENFATIZAM O CONTROLE PELA INTERAÇÃO (CAMPO PSICOLÓGICO)

Este é o grupo de teorias que, mesmo não tendo alcançado o mesmo destaque que a psicanálise e as teorias comportamentais, criou concepções bastante interessantes. Uma delas se refere ao fato de que nas teorias de campo, a rigor, não há como separar o aspecto motivacional do aspecto de controle do comportamento, porque ambos acontecem imediatamente e justapostos de tal modo que a sua separação implica desconsiderar o que seja o campo. Nas demais teorias, tal separação acaba por acontecer.

Nas teorias de campo, o controle é entendido como função tanto das condições internas quanto das externas e o estudo isolado delas não traduz a verdadeira realidade do que se passa quando *ambos* estão em curso.

A estrutura de controle na teoria de Murray. Para termos uma adequada visão da estrutura de controle em Murray, precisamos inicialmente esclarecer os conceitos de procedimento, evento, seriação e tema.

Evento (ou ocorrência) se refere a quaisquer interações entre o organismo e o meio, durante um certo espaço de tempo, acarretando algum efeito ou mudança na situação. Quando se refere à interação de pessoa com objeto ou outra pessoa, recebe o nome de *procedimento*. Este pode ser interno (devaneios, fantasias), externo (com objetos) ou interpessoal (com pessoas). A seqüência de procedimentos sucessivos, dirigida e organizada, constitui uma *seriação,* fruto de *planos* que foram estabelecidos e programados, num processo cha-

96

mado *ordenação*. Este é o esquema pelo qual Murray aborda simples comportamentos até seqüências comportamentais que abrangem períodos de vida. A direcionalidade de uma conduta, equivale a dizer, o seu sentido, é dado pelo *tema,* que é a estrutura dinâmica de um evento, no nível molar. É a combinação de uma pressão com uma necessidade. Ele ..."revela a pressão do estímulo ao qual o sujeito está exposto, quando ele reage de modo como o faz" (Murray, 1938).

Descritivamente, um tema implica vetores de valor, isto é, tendências de ação ou modos de se comportar em relação a objetos de valor.

Já deve estar claro ao leitor que a direção, a manutenção e a finalização do comportamento estão definidas pelo *campo*. Apesar de valer-se dos conceitos estruturais psicanalíticos de id, ego e superego, não se pode, nessa teoria, responsabilizar o ego e o superego por tais aspectos da conduta, tal como revelamos na análise da estrutura de controle na teoria psicanalítica. Sem dúvida, tais estruturas têm um papel fundamental tanto no surgimento da necessidade quanto no estabelecimento de metas e planos, mas somente através da interação organismo-meio, isto é, da estrutura do campo psicológico em cada momento é que a conduta estará definida e determinada.

A teoria de Murray apresenta vários pontos que merecem realce. A ênfase na abordagem interacional, abandonando a ênfase intra-organísmica da psicanálise (e outras teorias), é um deles e reflete sua preocupação em retratar toda a complexidade do comportamento humano. Outro aspecto importante é a compreensão do comportamento como uma corrente de eventos significativos, onde a compreensão de um elo envolve a compreensão dos elos anteriores e posteriores.

Dentre as críticas mais freqüentes, está a de que seus conceitos são muito amplos e gerais, o que dificulta a sua operacionalização.

A estrutura de controle na teoria de Lewin. Diferentemente de Murray, Lewin propõe uma teoria em que o campo é essencialmente psicológico, o que resulta em um quadro bastante diferente do retratado por aquele.

Segundo Lewin, a direção de um comportamento é dada pelo vetor, isto é, pela força que impele o sujeito a agir. Esta, como vimos, é fruto da manifestação de uma necessidade e das valências das regiões do meio psicológico e responde pela manutenção do comportamento. A finalização do comportamento envolve o que Lewin chama *locomoção,* que é o movimento do organismo (ou da pessoa) no sentido de se aproximar das regiões de valência positiva e afastar-se das regiões de valência negativa. Através da locomoção, a necessidade é satisfeita, descarregando-se a tensão e retornando-se ao estado de equilíbrio energético nas regiões do espaço vital. Se a locomoção a uma região não se completa, a tensão persiste, e a força (vetor) continua a impelir a pessoa na direção da referida região.

Em função de *barreiras* existentes entre duas regiões, pode se obstaculizar a locomoção, o que pode acarretar *locomoções substitutas* ou mesmo *locomoções imaginárias*.

As concepções de Lewin ensejaram um grande número de pesquisas, em variadas áreas de interesse: estudo de situações de conflito e frustração, desempenho de tarefas, aprendizagem dinâmica de grupos. Particularmente nesta última área, as contribuições de Lewin foram relevantes, a ponto de sua teoria hoje estar mais associada à Psicologia Social do que à Psicologia da Pessoa.

Um dos aspectos que têm gerado controvérsia diz respeito à imprecisão teórica sobre o que seja o meio psicológico, o que para alguns autores é apenas um nome para expressar a realidade em termos fenomenológicos. Contudo, não há como negar que a apreciação da conduta humana, segundo um enfoque e linguagem novos, sempre acarreta um enriquecimento na sua compreensão.

III

AS TRANSFORMAÇÕES PESSOAIS

CAPÍTULO 5

O PROCESSO DE DESENVOLVIMENTO PESSOAL

AS TRANSFORMAÇÕES DA PERSONALIDADE

Defrontamo-nos aqui com o ponto mais crítico acerca do conhecer a personalidade e aquele em que fica mais claro a sua tremenda complexidade.

É do conhecimento de quase todas as pessoas que a vida humana segue um curso que se inicia na fecundação e se encerra com a morte. O ser concebido passa por uma série de modificações enquanto ainda no ventre materno, até chegar a um ponto onde ele se encontra pronto para o nascimento. Esse ponto é definido normalmente em termos temporais, correspondendo ao nono mês de gestação. O leigo sabe que o nascimento "antes do tempo" implica quase sempre o nascimento de uma criança mais frágil e vulnerável. Após o nascimento e por longo período, a criança é cercada de cuidados e atenções que visam fornecer-lhe as melhores condições de vida, isto é, de crescimento.

O acompanhamento do crescimento de um bebê até a sua vida adulta e a velhice apresenta algumas facetas típicas que merecem registro. Sabemos que as pessoas que participam desse acompanhamento são normalmente invadidas por uma série de curiosidades e expectativas que marcam sua relação com a criança. Do ponto de vista físico, há de início uma observação da criança no sentido de identificar as suas características físicas marcantes, incluindo-se aquelas ligadas às semelhanças com os pais e familiares. Com o passar do tempo, procura-se conhecer o funcionamento dos seus sistemas fisiológicos, buscando-se evidenciar as regularidades e tudo aquilo que persiste ao longo do tempo e que parece ser próprio daquele organismo. A comparação com o crescimento de outras crianças é inevitável e serve como ponto de referência para avaliar se o crescimento está seguindo um curso normal e esperado. Em função de fatores ligados à herança, alimentação, exercícios e atividade física, todo um

101

conjunto de características físicas emerge e se fixa, tornando-se próprio àquela pessoa e servindo para o reconhecimento dela por ela e pelos outros.

Do ponto de vista psicológico, um processo semelhante e talvez mais marcante acontece. Há uma busca de reconhecimento de reações que se pareçam com padrões adultos, sejam eles paternos ou maternos. Há a expectativa de que a criança reconheça os pais, revelada por suas respostas às manifestações deles. Aguarda-se assim o desenvolvimento da consciência, do sorriso, dos primeiros atos intencionais, da linguagem e da locomoção. Gradualmente, vemos surgir na criança padrões de comportamentos desejados e não desejados, esperados e não esperados, que vão revelando que o crescimento está tendo um curso adequado. Passa-se a infância, ingressa-se na adolescência, com suas manifestações típicas, e por fim encontramo-nos frente a um adulto.

Assim podemos dizer que o leigo tem uma noção de que do nascimento à morte as pessoas passam por uma série de transformações mais ou menos típicas. Há o reconhecimento de um padrão nesse processo, bastante complexo por sinal, que revela um aspecto curioso; ele é marcado por duas expectativas ou atitudes aparentemente contraditórias. De um lado, há a expectativa do surgimento de certos atos e padrões de comportamento e o desejo de que eles se mantenham ao longo do tempo. De fato, os pais anseiam que seus filhos aprendam a comer, andar, falar etc. Isso implica o aparecimento e a persistência do padrão. De outro lado, espéram que haja *modificações* e mudanças desses e de outros comportamentos já estabelecidos ou manifestos. Assim se passa nesse processo e essa é sua marca.

O leigo reconhece, portanto, mesmo que implicitamente, que o crescimento envolve tanto a estabilidade quanto as mudanças e transformações de certos padrões de características físicas e principalmente psíquicas.

Existem, contudo, indivíduos que acreditam que o que uma pessoa é assim o será por toda a vida. Tais indivíduos pensam que a natureza dessa pessoa já está de tal forma definida (muitas vezes desde o nascimento), que a ela nada mais resta do que conformar-se em continuar sendo o que tem sido. Quase sempre se valem de explicações em termos biológicos, como a herança genética, para justificar sua crença. Para tais indivíduos, a personalidade é um fenômeno imutável, estático. Não é raro, após sabermos de um crime hediondo, ouvirmos "explicações" desse tipo para justificar o ato criminoso. Em que se fundamentam essas explicações?

Por certo existem inúmeras razões para tais atitudes e crenças, e, a meu ver, uma delas reside no fato de as pessoas serem sempre elas mesmas, isto é, reconhecerem-se como si mesmas, apesar de inúmeras mudanças por que tenham passado. Essa percepção de algo que permanece o mesmo, imutável, na personalidade, é que nos permite reconhecermo-nos uns aos outros e possivelmente também reforce a referida crença. Defrontamo-nos aqui com questões que têm sérias implicações para a Psicologia da Personalidade, questões estas referentes à estabilidade da personalidade e ao fato de ela ser passível ou não de sofrer transformações e mudanças. Pois, de outra parte, não escapa ao leigo, como não escapa ao cientista, que as pessoas, do nascimento à morte, passam por sucessivas modificações e transformações no seu aspecto e no seu modo de ser. Ficamos profundamente surpreendidos quando reencontramos um conhecido de quem estivemos afastados por longo período. Identificamos nele a mesma pessoa que conhecêramos anteriormente, apesar de hoje ele se mostrar com notáveis diferenças físicas e psicológicas. É possível que esse reencontro seja seguido de recordações dos "bons tempos" e a surpresa acaba cedendo lugar à saudade. Mas pode acontecer de os fatos tomarem outro curso e a surpresa inicial ser seguida de outra surpresa maior. É quando aquele conhecido já não se mostra mais como a mesma pessoa. Notamos então que as modificações psicológicas foram muito mais intensas e profundas que as físicas e o velho conhecido se nos parece um estranho. Imaginamos que nesse hiato de tempo em que não nos vimos provavelmente ele tenha passado por marcantes experiências que o afetaram de tal modo, resultando no estranho com que nos defrontamos agora. O conhecimento dessas experiências pelas quais ele teria passado nos faria compreender como nosso conhecido foi se modificando até tornar-se quem ele é.

Eis aí os dois pólos mais visíveis desse processo extraordinário que é o crescimento e o desenvolvimento pessoal, em que há alguma coisa que permanece estável em algo que se modifica continuadamente. É o quase-mistério do fenômeno da *identidade*, onde, por mais que nos transformemos, continuamos sendo nós mesmos. A questão da identidade adquiriu um espaço considerável no campo da Psicologia da Personalidade, principalmente em função dos trabalhos de Erik Erikson. Esses tópicos, bem como outras considerações sobre a estabilidade e a mudança da personalidade, serão vistos posteriormente.

Mencionamos anteriormente que as pessoas reconhecem que há um padrão no processo de crescimento. Na realidade, há vários padrões pelos quais o crescimento pode ser descrito e avaliado, o que se deve a duas razões básicas: 1ª) o crescimento pode ser compreendido de diferentes formas, de acordo com o enfoque adotado; na teoria psicanalítica, por exemplo, pode-se lançar mão do ponto de vista psicossexual (Freud) ou do ponto de vista psicossocial (Erikson); 2º) aquilo que é enfocado, ou seja, o objeto de estudo de cada teoria, pode se referir a realidades diferentes de teoria para teoria; Piaget se interessou pelo desenvolvimento cognitivo, Freud pelo desenvolvimento emocional, Gesell pelo psicomotor etc. Essa multiplicidade de enfoques reflete fidedignamente a complexidade do ser humano e merece alguns esclarecimentos. O leitor pode compreender que não existe na atualidade uma teoria que, sozinha, seja suficiente para explicar todos os fenômenos envolvidos no desenvolvimento humano. Além disso, em razão dessa complexidade é que se justifica o surgimento dentro do âmbito da Psicologia Geral de uma área específica, voltada exclusivamente para o estudo de questões pertinentes ao desenvolvimento (Psicologia do Desenvolvimento). Tais estudos têm resultado em várias teorias do desenvolvimento, muitas delas desvinculadas do corpo teórico de qualquer uma das teorias de personalidade existentes. Com novos desenvolvimentos teóricos, tais teorias poderão vir a se constituir no futuro em novas teorias de personalidade.

O estudo do desenvolvimento da personalidade consiste, então, na identificação e compreensão de tudo o que emerge ou se diferencia daquela matriz permanente em que se radica o nosso ser. A compreensão desse processo abarca tanto os conhecimentos relativos ao crescimento físico quanto aqueles relacionados com as transformações psicológicas e pode derivar de duas abordagens: a causal (ou transversal) e a formal (ou longitudinal).

A abordagem causal procura compreender o desenvolvimento em termos dos fatores que intervêm na sua determinação, os quais podem ser de duas ordens: os biológicos e os ambientais.

A abordagem formal busca descrever e caracterizar as seqüências típicas de modificações físicas e/ou psíquicas que ocorrem ao longo do tempo, geralmente correlacionando-as com certos períodos ou idades. Almeja-se reconhecer etapas ou fases nesse processo e as alterações nas estruturas que as caracterizam, descrevendo as aquisições ou perdas próprias de cada etapa. É o que fizeram Freud para o desenvolvimento psicossexual, Piaget para o desenvolvimento cognitivo, Erikson para o desenvolvimento psicossocial.

A ABORDAGEM CAUSAL DO DESENVOLVIMENTO

A abordagem causal se caracteriza pela pesquisa dos fatores e condições empíricas que intervêm no crescimento e desenvolvimento pessoal, respondendo pela configuração e pelo curso que eles assumem. Habitualmente, esses fatores são classificados em fatores biológicos (constitucionais e internos) e fatores ambientais (socioculturais ou externos). Ambos podem operar de dois modos: o físico-químico e o psicológico.

Os efeitos que a ação de tais fatores e condições podem ocasionar ao organismo consistem em: 1°) aquisições, assimilações e aprendizagens; 2°) perdas; 3) alterações, modificações ou diferenciações. Esses efeitos podem se dar em cada um daqueles modos. Assim, podemos ter:

Aquisições. No modo físico-químico, as aquisições se dão através de processos de assimilação metabólica, como no caso da alimentação, onde determinados elementos e substâncias são incorporados ao organismo. No modo psicológico, as aquisições são com freqüência aprendizagens, isto é, o desenvolvimento de características psicológicas e de padrões comportamentais, em decorrência da intervenção de fatores biológicos e/ou ambientais. Tais características e padrões não existiam de início e nem poderiam existir, sem a intervenção de tais fatores. É preciso considerar, ainda, as aquisições não-aprendidas, decorrentes da intervenção de fatores genéticos (maturacionais);

Perdas. No modo físico-químico, é fácil imaginar as perdas decorrentes de uma amputação ou, ainda nos casos de desnutrição e desidratação, as perdas de nutrientes e de líquidos corporais. No modo psicológico, temos, por exemplo, as perdas motivacionais associadas às perdas de pessoas e objetos queridos ou a perda da auto-estima em decorrência de uma humilhação infligida por outrem. Devemos também nos lembrar das perdas naturais, decorrentes do processo de envelhecimento, tanto no plano físico-químico quanto no psicológico;

Modificações. No modo físico-químico, são esclarecedoras as modificações que observamos no desempenho de uma função física, por exemplo, motora, em razão de exercício, tratamento físico ou psicoterapêutico. Aqui também se incluem os desenvolvimentos maturacionais. Não se trata de ganhos ou perdas, mas de alterações, ou, se quiserem, de diferenciações. No modo psicológico, podemos observar a influência da torcida sobre o desempenho de um atleta ou equipe em uma disputa esportiva. Do mesmo modo, com o amadurecimento, vemos pessoas inquietas e impacientes se tornarem mais calmas e tolerantes.

A ênfase que cada teoria atribui a essas classes de fatores é muito variável, indo desde a extrema ênfase nos fatores biológicos nas teorias de Kretschmer ou Sheldon até a ênfase nos fatores ambientais, como nas teorias comportamentais. Entre esses dois extremos, situam-se as demais teorias que, mesmo privilegiando uma das classes de fatores, não o fazem de forma tão extremada como as mencionadas acima, abrindo espaço para a outra classe de fatores. Essas concepções expressam as diferentes noções a respeito da natureza humana.

FATORES BIOLÓGICOS

O primeiro fato com que nos defrontamos ao abordar o papel dos fatores biológicos no desenvolvimento é que o ser humano é um animal, isto é, a sua natureza guarda uma profunda semelhança com a de outros organismos vivos, principalmente com aqueles animais que se encontram na escala superior de evolução. O homem é o degrau superior dessa escala evolutiva e a semelhança se dá em termos anatômicos, fisiológicos etc.

Por ter uma natureza biológica, tal fato tem que ser levado em conta. Allport (1974) o considera de fundamental importância e assim se posiciona: "A ciência biológica... contém um ponto de vista básico, de grande importância para a teoria da personalidade — o ponto de vista da evolução. Assim como os organismos ficam com a forma de determinada espécie, cada uma das quais representa um modo adequado de sobrevivência na luta pela vida, também os indivíduos, na espécie humana, atingem a personalidade como a forma de sobrevivência mais adequada para as necessidades específicas, em determinado contexto ambiental. A minha personalidade é o *modus operandi* único a que chegarei, em minha luta peculiar, pela sobrevivência". Em síntese, a personalidade é a evolução se dando ao nível do indivíduo humano. Em graus variáveis de ênfase, a maioria dos teóricos da personalidade levam em conta que a natureza biológica do homem tem importância no seu desenvolvimento. Entre os fatores biológicos que merecem nossa atenção, destacam-se o genético, o fisiológico e o constitucional (ou somático).

Fator genético. Para que a evolução se cumpra, é necessário a existência de mecanismos hereditários através dos quais as características biológicas e psíquicas desejáveis possam ser transmitidas às gerações posteriores. Precisamos conhecer os mecanismos envolvidos nessa transmissão, que influenciam a adaptação do indivíduo e de sua espécie.

a) *Mecanismos de ação da hereditariedade*: é impressionante o fato de que em uma única célula, o ovo, esteja contida toda a programação necessária para transformá-la no complexo ser que é o homem. As instruções que compõem esse programa estão contidas em certas estruturas do núcleo dessa célula, chamadas cromossomos, e mais especificamente nas partes que os formam, chamadas genes. Estes, por sua vez, são constituídos de moléculas de DNA (ácido desoxirribonucléico). A informação genética, em síntese, está contida no DNA.

Na célula humana inicial, o ovo, existem 46 cromossomos pareados dois a dois, sendo que um foi recebido do pai (através do espermatozóide) e o outro da mãe (através do óvulo). Por meio de mecanismos bioquímicos, os genes controlam a formação e o funcionamento das estruturas físicas. A compreensão desses mecanismos tem estado centrada principalmente no estudo da ação dos ácidos nucléicos (DNA e RNA). As instruções contidas no DNA são informações genéticas necessárias à síntese de certas substâncias químicas chamadas proteínas. O DNA transmite essas informações através de um mensageiro, o RNA (ácido ribonucléico), o qual, migrando do núcleo para o citoplasma da célula, participa da síntese protéica. Essas proteínas é que irão definir a função de cada nova célula a ser formada, ou seja, elas é quem determinarão se a nova célula terá função nervosa, gástrica, cardíaca, sanguínea. Cada célula assim originada entra em um processo de autodivisão, duplicando-se sucessivamente, gerando uma enormidade de novas células, idênticas à original, que irão formar os órgãos e sistemas especializados, como o fígado, o coração ou cérebro.

Como vimos, metade dos cromossomos veio do pai e metade da mãe. Isso significa que cada gene paterno vai combinar com um gene materno, formando um par. Quando o par contém a mesma instrução é chamado de homozigótico e as características por ele determinadas irão se expressar indubitavelmente. Quando o par contém instruções diferentes, recebe o nome de heterozigótico e surge o problema de saber qual instrução será expressada. Em tais casos, um dos membros pode ser dominante em relação ao outro (que é chamado recessivo) e a sua instrução será expressada enquanto a deste último será inibida. É o caso de genes para os olhos castanhos, que são dominantes. As instruções dos genes recessivos só se tornam manifestas se o par for formado por dois genes iguais, portanto, ambos recessivos. É o caso dos genes para olhos azuis.

Esse tipo de transmissão de caracteres é chamada mendeliana, em homenagem ao seu descobridor, Mendel. No entanto, poucos são os caracteres humanos transmitidos por essa forma. A maioria dos caracteres físicos e dos traços fisiológicos, bem como certos traços e características psicológicas, envolvem a atuação de mais de um par de genes e nesses casos falamos em determinação poligênica. Seu mecanismo é bem mais complexo e freqüentemente de difícil caracterização, principalmente quando está em jogo a determinação de características psicológicas como a inteligência, a emotividade, os traços temperamentais, a doença mental etc. Dessa forma, herdamos um conjunto de tendências e disposições, que influenciam na velocidade com que nosso sistema nervoso transmite seus impulsos, no ritmo de crescimento físico, na sensibilidade e estimulação, na rapidez das respostas habituais ou tônus afetivo, o que pode ter a ver com a rapidez ou lentidão de aprendizagem de alguns ou com a irritabilidade geral de outros. Nesse sentido, cabe esclarecer que não herdamos um comportamento específico, mas tão-somente distintos limiares de excitação, para os mais variados tipos de estímulos, e é em função disso que iremos apresentar certos padrões de respostas. Entre esses padrões comportamentais estão os de natureza temperamental, sobre os quais ainda voltaremos a falar, ou então os de inteligência.

O que apresentamos até aqui é fruto da intervenção de um certo grupo de genes, que respondem pela transmissão de caracteres individuais, que fazem com que o indivíduo seja único. É a herança individual. Mas há uma quantidade maior de genes que respondem pela transmissão de caracteres comuns a todos os seres humanos e que nos fazem membros da mesma espécie, isto é, que tenhamos as mesmas características morfológicas, fisiológicas e psicológicas básicas. É a parte da hereditariedade que faz com que tenhamos ouvidos e não antenas, braços e não asas, um sistema nervoso típico e diferente dos demais animais. Como se pode depreender, inúmeros aspectos estão envolvidos na herança específica, mas há alguns que merecem destaque, dentro do nosso campo de interesse. Um deles se refere aos impulsos, instintos e reflexos, que já abordamos em outra seção. Um outro se refere aos processos homeostáticos, que serão considerados dentre os fatores fisiológicos. E, por fim, a maturação que passaremos a considerar.

b) *Maturação*: "Refere-se aos padrões de mudança internamente determinados em coisa como estatura e forma do corpo, bem como as habilidades que se iniciam por ocasião da concepção e continuam até a morte" (Helen Bee, 1984). É um processo de natureza genética responsável pelas transformações físicas, fisiológicas e psicológicas que caracterizam o crescimento e o desenvolvimento humano. Como esse processo tem uma seqüência própria, em que certas mudanças acontecem em certas etapas ou idades, ele acaba por adquirir um caráter normativo, isto é, um padrão pelo qual se pode avaliar o crescimento e o desenvolvimento de alguém e saber se ele está seguindo o curso esperado. Freqüentemente, a emergência de uma característica ou transformação resultante da maturação independe do treino ou experiência anterior. Contudo, raramente temos oportunidade de constatar tal fato, em situações naturais (não-laboratoriais), pois nestas estão sempre presentes estímulos e fatores que inevitavelmente acabam participando do fenômeno e exercendo algum tipo de influência. Isso deu ensejo a muita confusão, quando se tratou de avaliar o quanto de hereditário e quanto de influência ambiental estavam participando do fenômeno. É a velha dicotomia hereditariedade-meio, da qual, por ora, nos interessa fazer alguns esclarecimentos. A emergência de certas funções está condicionada ou limitada por um *período crítico*. Se a prática ou experiência ocorrer antes ou após esse período, não há emergência da função, ou, então, emergência apenas parcial ou rudimentar. Esse período crítico pode ser mais curto ou mais longo, conforme a função envolvida. No ser humano, para o desenvolvimento motor o período crítico é longo. Já para o desenvolvimento afetivo e de relações interpessoais, é relativamente curto (cf. Schraml, 1977). O conceito de fase na teoria psicanalítica do desenvolvimento é um exemplo da noção de período crítico para o desenvolvimento emocional.

Em outros casos, mesmo não havendo estimulação no período apropriado, a maturação das estruturas físicas ocorre, e a função pode ser recuperada por uma estimulação posterior. Dentre as aquisições decorrentes da maturação, algumas têm sido bem estudadas. Morgan (1977) as considera em termos de maturação de habilidades e prontidão para aprender.

1) Maturação de habilidades: neste grupo estão incluídas as habilidades motoras, como andar, apanhar objetos, falar, e o desenvolvimento dessas habilidades segue um padrão mais ou menos constante, como o que verificamos no andar. Todas as crianças passam pela mesma seqüência, com poucas variações. A velocidade com que o fazem é variável em função de diferenças individuais, mas o processo é o mesmo.

2) Prontidão para aprender: o homem parece ser o animal com a maior disposição para aprender habilidades, como a linguagem, a leitura e o uso de símbolos. Essas disposições são inatas e estão contidas dentro do programa maturacional. É claro que o papel da experiência nessas aquisições é fundamental, mas o amadurecimento da disposição para aprender independe daquela. Há relatos, por exemplo, de crianças criadas por surdos-mudos; portanto, sem a estimulação verbal necessária para o aprendizado da língua, que mesmo após seis anos de privação conseguiram aprender a construir frases, depois de um período de treino. Allport (1974) enfatiza essas disposições a que ele chama capacidades latentes ou potenciais e considera a aprendizagem como a disposição para formar estruturas estáveis, tais como o autoconceito, a consciência moral e a organização

hierárquica da personalidade. O desenvolvimento humano, para ele, se dá no sentido de realizar as suas possibilidades, como, por exemplo, a individuação. Isso significa que a tendência integradora da personalidade seria uma disposição natural, contida no programa genético da espécie.

Entre as disposições para aprendizagem especificamente humana estão a linguagem escrita e falada. O mesmo já não se pode dizer com relação à aprendizagem de símbolos. Alguns experimentos bem conduzidos evidenciaram que macacos de certas espécies estão aptos a aprender a se comunicar, usando símbolos, gestos, cartões, chegando ao ponto de serem capazes de fazer novas associações e construir frases. Apenas não conseguem falar porque a estrutura de laringe não é propícia para tal.

Fator fisiológico. Dada a complexidade do organismo humano, quando procuramos compreender o papel dos fatores fisiológicos no crescimento e desenvolvimento humano, temos que discriminar os vários aspectos em que esses fatores podem ser considerados.

O primeiro aspecto é o da estrutura física e fisiológica como substrato da atividade psíquica. Em qualquer comportamento, há necessariamente uma estrutura física e fisiológica envolvida como base para uma função ou processo psíquico. Tomemos como exemplo a visão de uma cena qualquer. Nesse caso, estão envolvidos como estruturas físicas o aparelho visual e partes do sistema nervoso. Fisiologicamente estão implicados o sistema visual, isto é, estímulos luminosos que excitam terminações nervosas na retina, as quais geram impulsos, que através da enervação atingem certas áreas cerebrais, estimulando-as de forma a resultar uma imagem ou interpretação do estímulo desencadeante. Nesse sentido, em qualquer processo psicológico encontramos uma base fisiológica que o fundamenta, o que equivale a dizer que a atividade psicológica tem uma natureza ou fundamento fisiológico.

Mas as relações entre fisiologia e comportamento não param aí e nem é essa a sua forma principal de expressão. Estamos mais interessados na participação dos fatores fisiológicos enquanto determinantes de comportamento. Esse é o segundo aspecto e, nesse sentido, nos interessa conhecer como os inúmeros processos e estruturas fisiológicas podem influir no comportamento. Dorothy H. Eichorn nos dá uma visão sintética bastante precisa desse aspecto:

"Independentemente de idade, tamanho e complexidade, todos os organismos executam as mesmas funções fisiológicas básicas para permanecerem vivos. Cada um deles obtém do alimento as substâncias para restaurar ou substituir as células e a energia para todas as atividades. A liberação da energia dos nutrientes exige oxidação. Tanto para o controle das reações oxidativas quanto de síntese, devem ser produzidas secreções tais como as enzimas. Os produtos de excreção se acumulam devido a todas as reações metabólicas, e, como se sabe, pelas leis químicas da ação das massas retardarão e eventualmente bloquearão essas reações, a não ser que o organismo tenha alguma maneira de excretar. É necessário haver circulação se os nutrientes e o organismo tiverem de alcançar todas as células e suas partes e os produtos de excreção tiverem que ser removidos delas. Para reagir a mudanças do meio externo e interno, o organismo deve ser sensível (ter irritabilidade). Não só para evitar perigo e conseguir alimento, mas também para executar a mecânica da digestão, da respiração e da circulação, o *organismo tem que se movimentar* (destaque nosso). Quer um organismo esteja crescendo ou não, ele executa todas essas atividades. Para ocorrer crescimento, algumas devem ser intensificadas, mas os processos pelos quais as funções de reposição são executadas também servem de base para o desenvolvimento'' (Eichorn, 1976).

Nesse pequeno trecho fica evidente como as condições fisiológicas participam da determinação do comportamento, neste caso, ligado à satisfação das necessidades primárias. Mas o que foi descrito não se circunscreve somente a esse tipo de comportamento. Assim podemos supor a participação de processos fisiológicos envolvidos no fato de alguém tornar-se mais sensível ou irritadiço após uma noite mal dormida, ou apático, desanimado e pessimista após uma intoxicação alcoólica. Em um nível mais específico ainda, podemos notar a influência fisiológica sobre a personalidade no caso da alimentação. Após uma refeição normal, a maioria das pessoas sente sonolência e necessidade de repouso. Há algumas, porém, em que o efeito é o oposto. O alimento parece funcionar como uma carga de energia, e essas pessoas mostram a necessidade de atividade logo após a refeição, tornando-se inquietas e procurando coisas para fazer. Esses exemplos ilustram como as condições fisiológicas podem influir no estado psicológico das pessoas.

A necessidade de compreensão cada vez maior dos mecanismos envolvidos nessa correlação tem estimulado a pesquisa em várias áreas, entre elas, a psicofarmacologia. O estudo dos mecanismos de ação das diversas drogas, em especial, das psicotrópicas, tem ajudado a compreender o papel de certas áreas cerebrais na determinação de certos comportamentos. Atualmente tem se dado muita atenção à pesquisa de determinados distúrbios metabólicos que estariam relacionados com a manifestação da esquizofrenia, do mesmo modo como se sabe que a síndrome de Dow é causada por uma falha no metabolismo da fenilalanina, fruto de um distúrbio genético.

O terceiro aspecto a merecer nossa atenção é o dos processos homeostáticos. Estes se referem a mecanismos e funções que regulam e mantêm automaticamente o equilíbrio interno do organismo e que possibilitam a sua adaptação a ambientes variáveis. É um sistema dinâmico que dá início, mantém e finaliza certas respostas fisiológicas. No caso de aumento da temperatura corporal, desencadeia-se uma vasodilatação periférica, que permite a perda de líquido corporal pela sudorese e perda do calor pela evaporação. Nos processos homeostáticos, encontramos em cena um mecanismo de retroalimentação ou feedback, em que certos receptores ou sensores são estimulados, dando origem a uma resposta fisiológica que, por sua vez, excita outros receptores, e assim por diante, até que o objetivo final seja atingido, isto é, o equilíbrio interno. Uma de suas características marcantes é a estabilidade. Todas as nossas necessidades primárias implicam processos homeostáticos.

O quarto aspecto se refere a processos homeostáticos de uma importância especial para o crescimento e o desenvolvimento da personalidade e diz respeito ao sistema endócrino. Este consiste em uma série de glândulas que secretam determinadas substâncias químicas chamadas hormônios, que, despejadas na circulação sanguínea, vão atuar à distância sobre certas estruturas orgânicas ativando-as ou inibindo-as e produzindo reações em todo o corpo (Sommers, 1976). É um sistema de coordenação complementar e interligado ao sistema nervoso.

As glândulas endócrinas constituem um sistema, onde há uma ação recíproca entre elas e uma coordenação central feita por uma delas, que é a hipófise. De um modo geral, é um hormônio hipofisário específico que desencadeia a secreção de hormônios das demais glândulas. Contudo, sabe-se que estímulos de outra natureza, por exemplo, psíquicos, podem também exercer tal efeito.

A taxa de hormônios na corrente sanguínea pode determinar a expressão de certas características físicas, como o aparecimento de caracteres sexuais secundários ou de certos comportamentos. Neste último caso, é o que encontramos quando há excesso de hormônio tireoidiano, o que deixa seu portador inquieto, irritadiço, excitado, e, ao contrário, se houver déficit, manifesta-se em termos de apatia, desinteresse e dificuldade de concentração. Esse conhecimento é importante tanto no que se refere a taxas normais como a taxas anormais e patológicas.

Existem duas áreas no campo de saúde que têm recebido grande atenção e envolvem o reconhecimento dos fatores fisiológicos e a personalidade: a psicossomática e as toxicomanias. Segundo a primeira, o ser humano deve ser compreendido em sua unidade, sendo a separação corpo-mente, artificial e equivocada. Mais aplicada ao campo médico, esse modo de ver resultou em conhecimentos úteis a respeito de uma série de doenças orgânicas onde o componente emocional estava envolvido como causa, bem como nas formas possíveis de tratá-las e onde ao lado da eficiência farmacológica verificou-se ser imprescindível haver também uma eficiência afetiva ou emocional. Nesses casos, a inter-relação entre o processo fisiológico e o processo psíquico é tão estreita, que abordar o fenômeno apenas por uma dessas vertentes está condenado ao fracasso. Doenças como úlcera gástrica, infarto do miocárdio, artrite reumatóide, colite mucosa, asma, psoríase, entre outras, constituem esse grande campo de estudos (Lewis, 1974).

A segunda área, que tem se destacado mais recentemente, é a das toxicomanias, principalmente aquelas que implicam alteração do metabolismo com o uso da droga e desenvolvimento de dependência física. Nesses casos, temos uma droga que não é natural no metabolismo, mas que, com o uso, passa a fazer parte dele, como se fosse uma substância química natural e própria dele. A droga tóxica repete assim um processo semelhante aos processos homeostáticos, de tal forma que sua ausência será detectada pelo organismo e desencadeará uma série de reações fisiológicas e psicológicas. A reintrodução da droga no organismo desfaz esse ciclo de reações. Em função da *habituação*, quantidades cada vez maiores da droga são exigidas para produzir o alívio da tensão (ansiedade) que a abstinência daquela havia provocado. O conhecimento do processo fisiológico envolvido nas toxicomanias abre novas perspectivas terapêuticas para se alcançar a cura de uma forma mais fácil e menos dolorosa.

É preciso esclarecer ao leitor que, ao falarmos em toxicomanias, não nos restringimos apenas ao uso por dependência de drogas como a maconha, cocaína. Deve ser incluído também um conjunto de drogas de uso médico, passíveis de criação de dependência física ou psíquica (Ey, Bernard e Brisset, 1965).

Até aqui, procuramos evidenciar a inter-relação entre o fator fisiológico e a personalidade. Mencionamos a concepção psicossomática, onde a pessoa é considerada holisticamente, isto é, como uma totalidade simultaneamente psíquica e somática. Mas é necessário esclarecer que a inter-relação se dá nos dois sentidos, ou seja, a *atividade psicológica também é um fator de determinação da atividade fisiológica*. Nesse sentido, é imprescindível considerar que o uso de drogas, por exemplo, implica certas necessidades psicológicas infantis ou neuróticas, que são gratificadas mediante o uso delas.

Fator constitucional. Com este termo queremos nos referir à influência que a estrutura corporal, física, pode ter sobre a personalidade. Isso pode se dar de duas maneiras: uma indireta, na qual os aspectos físicos exercem efeitos psicológicos no seu portador ou nos que o envolvem. Uma criança de constituição frágil poderá, em função disso, desenvolver uma atitude de discrição e reserva, enquanto outra de aspecto robusto poderá desenvolver uma atitude mais desinibida e até mesmo exibicionista. É sabido por todos como a existência de um defeito físico pode gerar conseqüências psicológicas como sentimentos de inferioridade. Essa relação entre auto-imagem e estrutura física, sem dúvida, depende da interpretação social, ou seja, de como o meio avalia e considera as pessoas com tais características.

A outra maneira, direta, propõe que indivíduos com determinadas compleições físicas tendem a apresentar certos traços e tendências psicológicas específicas. Kretschmer e Sheldon são os dois autores que defendem essa concepção. Segundo eles, os fatores genéticos e fisiológicos que determinam a estrutura física de um organismo determinariam também a sua estrutura psicológica. Deve-se, contudo, entender que aqui a expressão estrutura psicológica se refere ao temperamento. A correlação entre estrutura física e temperamento parece ter fundamento, mas há discordância se a causa é direta, isto é, própria do organismo, ou indireta, como no caso da interpretação social de um estereótipo. Apesar de ser uma questão controvertida, essas concepções tiveram o mérito de resgatar a noção de temperamento e tornar mais claro esse conceito.

Ao tratarmos do fator genético, mencionamos que o temperamento se refere a padrões comportamentais que refletem a participação de tendências e disposições inatas. Cabe aqui tornar mais claro esse conceito. Apesar de não haver uma concordância absoluta, a grande maioria dos autores entende o temperamento como os aspectos psicológicos ligados à constituição. D'Andrea (1972) o define como a "tendência herdada do indivíduo para reagir ao meio de maneira peculiar". Nuttin (1969) considera-o como "...um conjunto de traços fenotípicos, considerados essencialmente dependentes da constituição fisiológica e da hereditariedade". Para Allport (1974), "refere-se aos fenômenos característicos da natureza emocional de um indivíduo, na qual se incluem sua suscetibilidade à estimulação, a intensidade e rapidez usuais de resposta, a qualidade de sua disposição predominante, e todas as peculiaridades de flutuação e intensidade de disposição dependentes da organização constitucional, e, portanto, em grande parte hereditários". Em síntese "...os diferentes limiares de sensibilidade frente aos estímulos internos ou externos, diferenças no tom afetivo predominante, variações no ritmo, intensidade e periodicidade dos fenômenos neurovegetativos"... (D'Andrea, 1972) referem-se ao temperamento. Ele traduz a reatividade própria, natural do organismo. Por certo, para o iniciante, torna-se muito difícil saber se determinado traço é temperamental ou aprendido. Isso se torna mais complicado pelo fato de que as manifestações temperamentais não são comumente "puras", isto é, isoladas de outras influências. Ao contrário, tendemos a encontrar uma mescla de influências temperamentais e caracterológicas (adquiridas). Com freqüência, estas últimas se desenvolvem sobre aquelas. Assim, para caracterizar o que é temperamental em uma conduta exige-se um longo estudo e observação da pessoa em foco, noções a respeito do seu desenvolvimento, a pesquisa de tendências determinantes familiares etc.

Uma das características dessas tendências e disposições que compõem o temperamento é que elas são não-volitivas, ou seja, manifestam-se fora do controle voluntário da pessoa. Se uma pessoa tem uma dada disposição temperamental, ao apresentar-se o estímulo que a ativa, o sujeito reagirá segundo a dada disposição, mesmo que não queira. Mas cabe aqui uma advertência: o simples fato de alguém não dar conta de inibir uma certa reação não significa, *ipso facto*, que ela seja de natureza temperamental. Além de não-volitivo, o temperamento é não-intencional e imutável, salvo em casos de certas doenças.

O leitor pode notar que o que estivemos aqui tratando não é novidade, mas tão-somente um outro modo de evidenciar a participação dos fatores genético e fisiológico na conduta.

FATORES AMBIENTAIS

A influência dos fatores biológicos não responde por si só pelas características físicas e psíquicas que o indivíduo apresenta. É necessário considerar também a influência dos fatores ambientais, reconhecendo seu papel e modos de atuação no crescimento e desenvolvimento pessoal. Esses fatores podem ser classificados, segundo sua natureza, em fator físico e fator social.

Antes de considerarmos como se dá a influência ambiental, devemos fazer alguns esclarecimentos. O termo "ambiente" inclui tudo o que cerca o indivíduo, isto é, refere-se ao meio em que se encontra o organismo e com o qual ele estabelece algum tipo de interação. Isso não significa que tudo o que esteja compondo o ambiente influencie o indivíduo; a formiga que caminha na parede às minhas costas faz parte do ambiente, mas, para mim, ela não existe, enquanto eu não percebê-la. É necessário então discriminar as partes do ambiente que têm efeitos sobre o indivíduo daquelas que não o afetam. A essas partes Woodworth e Marquis (1975) propõem o termo *ambiente efetivo*. "O ambiente tem ação efetiva na medida em que satisfaz alguma necessidade ou interesse do indivíduo e o estimula de alguma forma. A parte ativa do ambiente depende do indivíduo, de sua hereditariedade, experiências anteriores, idade cronológica e idade mental" (Woodworth e Marquis, 1975). Esse ambiente efetivo é composto de vários elementos e condições diversos como iluminação, temperatura, espaço, pessoas e outros elementos. Por ser efetivo, implica que todos esses elementos estão participando da interação organismo-ambiente.

Outro ponto que merece esclarecimento é que a influência ambiental se dá desde a concepção. Algumas pessoas, porém, equivocadamente consideram como influência ambiental apenas a influência pós-natal, esquecendo-se de que o ovo e posteriormente o feto têm como ambiente o organismo materno, em particular o útero, e que as condições deste são fundamentais para o desenvolvimento do novo ser.

Durante a gestação, o ambiente sensorial permanece relativamente constante e uniforme (cf. Telford e Sawrey, 1977; Morgan, 1977). Em termos luminosos e sonoros, há uma estimulação baixa ou nula. A temperatura é relativamente constante. Esse quadro é considerado o mais favorável para o desenvolvimento, e a sua alteração pode se tornar traumática para o bebê. É o que supõe a psicanálise e, em particular, um divergente desta, Otto Rank, ao considerarem o nascimento como o protótipo da experiência traumática, na medida em que o frágil organismo do bebê é subitamente forçado a deixar esse ambiente protegido e ser lançado em um ambiente hiperestimulante. Baseado nessas condições, têm sido propostas certas medidas durante o parto, visando atenuar esses momentos de hiperestimulação.

As influências pré-natais, contudo, não se restringem ao ambiente sensorial. É preciso considerar o ambiente fisiológico, isto é, as condições fisiológicas maternas. As condições nutricionais decorrentes do tipo de alimentação da mãe podem ter conseqüências favoráveis ou perniciosas para o desenvolvimento do bebê. Do mesmo modo, sabe-se que o uso de drogas, medicamentosas ou não, também pode afetar seriamente o curso de desenvolvimento, gerando defeitos físicos como no triste episódio das vítimas da talidomida, ou psíquicos, como nos casos de uso de fumo, álcool e outros tóxicos por parte da mãe, resultando em recém-nascidos, às vezes, já dependentes. Igualmente importante é a possibilidade de a mãe sofrer irradiações potencialmente lesivas, como o raio X, tratamentos com radioisótopos etc.

Deve-se ainda considerar as influências decorrentes da condição emocional materna. É sabido que mães tranqüilas e seguras tendem a gerar bebês mais saudáveis, enquanto mães com sérias perturbações emocionais tendem a gerar bebês mais intranqüilos e irritáveis.

Quanto às influências pós-natais, é preciso mencionar o efeito da privação ou não de estimulação precoce. Existem provas experimentais que evidenciam que animais criados em condições de privação (alimentar, sensorial) têm seu desenvolvimento seriamente afetado por tais condições, resultando em comprometimento de capacidades, tais como as sexuais, afetivas, afiliativas etc. (cf. Telford e Sawrey, 1977; Bowlby, 1984; Morgan, 1977). Autores como Spitz, Bakwin e Bowlby efetuaram observações acerca dos efeitos da privação materna em crianças hospitalizadas ou recolhidas a alguma outra instituição como creches, orfanatos, internatos. São descritos efeitos fisiológicos, como apatia, inapetência, diarréia e efeitos emocionais como crises de choro, indiferença, desapego (cf. D'Andrea, 1972).

Por outro lado, quais as conseqüências para o desenvolvimento se o ambiente for enriquecido? Essa é uma questão de difícil resposta, e, principalmente no caso de ser humano, permanece em aberto. Há, contudo, evidências de que tais condições favoreçam o desenvolvimento e que cuidados físicos, incluindo afagos e carícias dispensados aos bebês, contribuem para um desenvolvimento adequado da personalidade.

Feitos esses esclarecimentos, podemos nos dedicar ao estudo do fator físico na influência ambiental.

Fator físico. O ambiente é composto por elementos de natureza física, sejam seres vivos, objetos inanimados ou formas de energia. Esses elementos podem exercer dois tipos de influência sobre o organismo. Uma, como realidades meramente físicas, atua sobre o organismo, segundo as leis clássicas da Física. A outra, como realidades psicológicas, segundo as leis da Psicologia. Isso se explica pelo fato de que, como já vimos, a interação organismo-ambiente ocorre segundo dois modos: o físico-químico e o psicológico.

A interação físico-química é aquela que se dá entre elementos e substâncias químicas com a estrutura física e fisiológica do organismo. Acontece ordinariamente em um plano não consciente, às vezes até não psíquico. Estão nessa categoria as infecções por bactérias e vírus, a aspiração gasosa, a absorção de certos elementos e substâncias químicas e a interação do organismo com elementos físicos como luz, calor etc. Portanto, são fatores que afetam o organismo, com freqüência independente de terem sido percebidos pelo sujeito. São percebidos pelo organismo, que reage automaticamente, segundo seus processos fisiológicos. É o caso de certas defesas, como a produção de anticorpos, a liberação de certas substâncias para neutralizar agentes tóxicos etc. São fenômenos de um nível elementar, primário, que habitualmente são desconsiderados quando se aborda a influência ambiental, mesmo sendo constituído de episódios significativos e às vezes vitais para o organismo, porque o nosso interesse está centrado nos fenômenos que envolvem a esfera psíquica. Esses fatores têm mais importância do ponto de vista médico, mas passam a ser importantes do ponto de vista psicológico, na medida em que tiverem efeitos emocionais, ou a ter interesse em termos do desenvolvimento, quando tiverem conseqüências fisiológicas e/ou psicológicas mais sérias.

O segundo modo de influência ambiental, e o principal deles, é o psicológico e diz respeito ao significado que as realidades ambientais têm para o indivíduo. Compreende necessariamente o envolvimento do modo físico-químico, descrito anteriormente, o que pode ser exemplificado pela percepção de um dado objeto físico. Esse processo compreende um aspecto físico-químico (a luz, o impulso elétrico nervoso etc.) e um aspecto psicológico (a interpretação da imagem). Em resumo, a interação organismo-ambiente é mediada por funções físico-químicas (fisiológicas) e funções psicológicas. Estas últimas se referem aos sentidos: tato, olfato, paladar, visão e audição, temperatura, bem como às sensações cenestésicas. Através dessas funções, o estímulo proveniente atinge o organismo, resultando em uma impressão com significado peculiar (sensação), em razão da qual surge um comportamento apropriado. A interpretação que o indivíduo faz do estímulo depende das propriedades do estímulo, das condições fisiológicas e psicológicas do indivíduo, incluindo-se nestas últimas aquelas resultantes das experiências passadas. O sorvete que eu saboreio neste momento pode estar significando apenas um modo agradável (doce, frio) de saciar minha sede. Mas pode acontecer dele despertar em mim os sentimentos que eu tive quando fui premiado por meu avô, aos sete anos, com um sorvete. Neste momento, meu organismo está interagindo com o sorvete atual (modo físico-químico), mas *eu* estou interagindo com aquele sorvete do passado (modo psicológico). Isso levanta uma questão importante. Não são só os fatores biológicos que devem ser considerados como fatores internos. Há também os fatores puramente psicológicos ou intrapsíquicos, que a partir de certo momento passam a se constituir numa terceira classe de fatores, que influem ativamente na personalidade. No momento, nos interessa apenas apontar que esse tem sido um dos pontos de profunda discordância entre as teorias comportamentais e teorias como a psicanalítica, as fenomenológicas etc.

As primeiras, em nome da objetividade e da mensuração, sempre julgaram desnecessários de consideração e até mesmo inexistentes os fatores intrapsíquicos, ao passo que as segundas consideram tais fatores como geralmente os mais significativos na determinação comportamental.

O modo psicológico se refere então à maneira como realidades físicas adquirem um sentido psicológico para o sujeito transformando-se em realidades psicológicas. É segundo esse modo que deve ser considerada a influência do fator social.

Fator social. Desde o seu nascimento até a morte, o ser humano está envolvido em um meio social, participando de relações interpessoais, fazendo parte de certos grupos sociais que lhe impõem normas de conduta, valores, conceitos e ideais, ao mesmo tempo que é atendido em uma série de solicitações e condições que favorecem o seu crescimento e desenvolvimento. Para alcançar seus objetivos, o meio social oferece estímulos, cria obstáculos e apresenta modelos, condicionando a formação desse ser (Filloux, 1978). Ao contrário dos outros animais que nascem equipados com uma série de instintos que os habilitam à adaptação ao meio ambiente, o ser humano nasce em uma condição de extrema dependência e, sem o auxílio de um semelhante que o alimente e o proteja, a sua morte será inevitável. Além disso, esse período de dependência é muito longo para a espécie humana, ao contrário do que sucede com as outras espécies. Assim, ele precisa aprender os padrões de conduta que o habilitem à sua adaptação. Esse padrão de conduta lhe é apresentado pela cultura em que vive. O fato de o homem ter que se aculturar traz consigo algumas implicações que precisam ser consideradas e que se referem a questões já levantadas, a respeito do que seja a natureza humana. Mencionamos a controvérsia de ser a psicologia uma ciência natural ou social e do mesmo modo já levantamos a questão da hereditariedade-meio. Estamos aqui nos referindo a esses mesmos aspectos que, em síntese, expressam nossas dúvidas, quanto a ser o homem fruto de sua natureza biológica ou produto do meio.

Inúmeras respostas foram dadas a essa questão. Freud considerava o homem como um ser biológico premido pelas condições sociais, que se opunham às suas manifestações instintivas. A sociedade, tal como uma camisa-de-força, assume um papel coercitivo e restritivo, isto é, repressor às satisfações instintivas. Para alguns etólogos, como Lorenz, o aprendizado social deve fazer parte da programação genética do indivíduo, do mesmo modo como faz parte dessa programação a capacidade para aprender. Também Adler e Allport consideram que a criança tem uma disposição inata para se tornar um ser social. Uma terceira posição é assumida pela corrente psicanalítica, conhecida como culturalista e representada por nomes como Horney e Fromm. Esses autores enfatizam a determinação social do comportamento humano, negando a primazia dos instintos como propunha Freud. E, por fim, encontramos uma quarta postura, assumida pelos teóricos comportamentais, que enfatizam apenas a determinação social, praticamente desconsiderando ou restringindo a um mínimo a participação de fatores biológicos no comportamento. Nessas quatro posturas, estão configuradas duas controvérsias importantes: aquela referente à natureza humana ser essencialmente biológica ou social e outra referindo-se ao fato de ser o homem proativo (isto é, determinado de dentro de si mesmo) ou reativo (determinado de fora de si) ou mesmo passivo (como na tábula rasa de Locke). De qualquer modo, não há a menor dúvida de que na formação da personalidade estão sempre em jogo fatores de naturezas diversas, tais como os biológicos e os sociais.

Outro ponto que merece nossa atenção se refere aos modos e mecanismos pelos quais o meio social exerce o seu poder sobre o indivíduo, transformando-o. Dito de outra maneira, como as pessoas adquirem as normas, os valores e conceitos que, de início, estão nos outros? Sabemos que o grupo social tem um alto poder de impor certas exigências aos seus membros e conseguir deles a sua adesão aos credos, valores, normas e conceitos vigentes dentro dele. Como isso é possível? Em que condições isso acontece? Para que uma dada exigência grupal seja respeitada pelo indivíduo, é imprescindível que ela tenha algum sentido para ele. Se o que se passa no grupo for indiferente ao indivíduo, nada que o grupo faça terá significado para este e conseqüentemente pouca ou nenhuma influência o grupo terá sobre ele. É preciso então que haja algum tipo de vínculo entre o indivíduo e o grupo para que este tenha poder sobre aquele. Esse vínculo se manifesta sob a forma de interesse ou atração pelo grupo e traduz um estado emocional do indivíduo, de disposições e necessidades pelo grupo, como as de apoio ou segurança. Isso é válido tanto para grandes como pequenos grupos, inclusive o menor deles, a díade, como no caso da relação mãe-filho. Podemos dizer ainda que, quanto maior for a necessidade do indivíduo pelo grupo, maior o poder de influência deste sobre aquele.

Essas necessidades podem ser de natureza física, fisiológica e psicológica. O ser humano tem necessidade de se proteger da variação excessiva de temperatura, de radiação, de choque e traumas físicos que poderiam ocasionar lesões em seus tecidos e eventualmente sua morte. A criança, se não contar com a ação do meio social, corre sérios riscos de lesões físicas, causadas por acidentes com fogo, eletricidade etc. Do mesmo modo, é indispensável a atuação do meio social, no sentido de prover o atendimento das necessidades fisiológicas básicas do organismo, tais como a alimentação e nutrição, higiene corporal etc. É preciso considerar que nesses casos o meio social não se restringe apenas ao papel de provedor, mas estabelece ao mesmo tempo uma série de normas e costumes ligados a esse provimento. E, por fim, o indivíduo vincula-se ao meio social, na medida em que é por este atendido em suas necessidades psicológicas já mencionadas, tais como as necessidades de segurança, afeição, dependência e afiliação.

A importância do atendimento desses grupos de necessidades varia em função de condições como a idade, localização geográfica, cultura etc. Assim, o vínculo com o meio em função do atendimento das necessidades físicas é mais crucial nos primeiros anos de vida, quando a dependência da criança com relação ao meio é maior do que na idade adulta, quando o indivíduo é geralmente suficiente para cuidar de si mesmo. O mesmo pode se dizer do atendimento das necessidades fisiológicas e também das necessidades psicológicas. Contudo, com estas últimas, deve-se reconhecer que a importância de seu atendimento pelo meio social na vida adulta persiste por toda a vida, às vezes em termos das mesmas necessidades emocionais infantis e na maioria das vezes em termos de substituição destas últimas por necessidades emocionais maduras. Necessidades de prestígio e cooperação, por exemplo, são próprias do adulto e são satisfeitas pelo grupo a que pertence. Como a importância do atendimento dessas necessidades é relativa e depende de uma série de condições, torna-se fundamental conhecer em que condições a satisfação ou frustração dessas e outras necessidades pode ter conseqüência para o desenvolvimento do indivíduo. As observações de Spitz, Bowlby e outros evidenciaram com clareza como as experiências precoces de privação materna têm efeitos comprometedores para o desenvolvimento emocional da criança. Vale lembrar novamente a importância do conceito de período crítico (fase sensível) exposto anteriormente.

A necessidade que vincula o indivíduo ao grupo é então a condição prévia para que este exerça sua influência sobre aquele. Mas, para compreendermos todo esse processo de influência social, é preciso considerar ainda os modos de atuação que o meio utiliza para atingir o seu objetivo, bem como o mecanismo psicológico, através dos quais essa influência fica consolidada na personalidade.

Devemos considerar que o meio social consolida seu poder e controle sobre o indivíduo, através de experiências de gratificação e punição, impondo sanções e recompensas pelos atos praticados pelo indivíduo. Pode-se ainda dizer que, de modo geral, a exigência do meio social é sempre pela conformidade. Em função de suas necessidades de um lado e da pressão social do outro, o indivíduo é levado a aceitar e a aprender as normas, valores e ideais que o meio preceitua, conformando-se a ele. Tal aprendizado é explicado segundo mecanismos e processos psicológicos distintos e variáveis, de acordo com o enfoque adotado.

As teorias comportamentais explicam a aprendizagem através do processo de condicionamento reflexo e operante. Consideram também o condicionamento através da observação, com ênfase no processo de imitação. Segundo essas teorias, todas as aquisições comportamentais se devem a tais processos de condicionamento.

A psicanálise considera que o principal mecanismo de aprendizagem seja a identificação. Esta consiste em um mecanismo inconsciente através do qual atributos da pessoa ou objeto são desenvolvidos pelo sujeito, passando a fazer parte dele e tornando-o igual àquela pessoa ou objeto. Pela identificação, algo que é externo inicialmente torna-se internalizado. Difere da imitação, pois esta se dá consciente e voluntariamente, enquanto aquela é inconsciente e involuntária. Outro mecanismo de aprendizagem foi proposto por Murphy (1947), sob o nome de "canalização". Refere-se a uma ligação que se estabelece entre uma necessidade e um modo específico de satisfazê-la. É como se o organismo, por tentativas e erros, descobrisse os comportamentos mais apropriados à sua natureza, para satisfazer um dado impulso ou necessidade. Ao descobrir esse comportamento, o mesmo passa a ficar associado ao impulso, pois trata-se de um comportamento consumatório, gratificante por si mesmo. E, por último, devemos considerar um mecanismo de aprendizagem proposto pela etologia, que é a estampagem (*imprinting*). Refere-se a uma ligação muito estável que filhotes de animais estabelecem com um dado objeto, se este lhes for apresentado durante um dado período crítico. Se a apresentação ocorrer fora do período crítico, a ligação não se estabelece. Esse objeto é normalmente a mãe, mas pode ser conseguido a estampagem com quaisquer objetos. Tal mecanismo faz parte de uma programação genética. O período crítico é variável de espécie para espécie, mas com freqüência situa-se nos primeiros dias de vida. Após ter ocorrido a estampagem, o filhote passa a seguir o objeto estampado. Nesse processo, participam tanto o fator genético (instintivo), no caso a resposta de acompanhamento, como o fator adquirido, ou seja, a ligação a uma classe de objeto.

Por fim, devemos abordar alguns tópicos a respeito do processo de socialização. Este ocorre na medida em que o indivíduo se insere na estrutura social, ocupando uma dada posição e desempenhando uma certa função nela. A posição ocupada pode ser definida segundo uma escala social ou econômica, sendo referida como *status*. A função se refere a padrões de comportamentos associados ao *status* e designamos como *papel* (Maisonneuve, 1967).

Status e papel definem e qualificam a inserção do indivíduo no meio social. O *status* é um referencial pelo qual o sujeito se orienta e pauta sua conduta, em relação a si próprio e aos outros. Em razão disso, ele é fonte de segurança pessoal. Pertencer a um dado *status* passa a ter conotação de valor pessoal ao seu portador, tendo profundas conseqüências para a sua auto-estima e seu modo de ser (Stoetzel, 1963). Uma pessoa pode e normalmente ocupa diversos *stati*, bem como desempenha inúmeros papéis. Na maioria das vezes, essa multiplicidade não traz maiores problemas ao sujeito. Contudo, há situações em que ele se vê envolvido em um conflito de papéis, o que gera ansiedade. É o que se passa, por exemplo, com uma mãe que, de um lado, precisa ficar em casa para cuidar dos filhos e, de outro, necessita trabalhar fora para realizar sua vocação profissional. O papel materno conflitua com o papel profissional. As principais fontes de conflito de papéis se referem a: 1º) diferenças quanto ao que é requerido para o desempenho do papel e a capacidade do sujeito em realizar o desempenho, tal como requerido; 2º) incompatibilidade de papéis; 3º) confusão de papéis por desconhecimento ou má percepção deles.

Reconhecidas as bases que fundamentam a influência do fator social, podemos agora abordar as várias categorias em que ele pode ser considerado.

a) Influência familiar: a família é considerada o mais importante dos grupos permanentes e é o primeiro grupo com que o ser humano se defronta no seu processo de socialização. Em função da dependência que a longa infância humana ocasiona, tornou-se uma exigência vital para a sobrevivência da espécie a existência de quem respondesse pelas condições de alimentação, proteção, segurança e educação dos descendentes. Esse papel é desempenhado pela família e nesta, principalmente pelos pais, que exercem uma grande influência no desenvolvimento dos seus membros, modelando sua conduta, seus hábitos e costumes, seus valores, normas e ideais. Para exercer essa influência, a família se utiliza das formas e mecanismos que o meio social dispõe para ter o controle e poder sobre seus membros, descritos na seção anterior, visando à sua socialização. A família socializa exigindo, estimulando e premiando certas condutas e coibindo e reprimindo outras. As condutas são valorizadas e desvalorizadas segundo a escala dos valores vigentes no seio familiar, a qual reflete, em certa extensão, a escala de valores mais ampla da cultura em que a família vive. Assim, a socialização é um processo em que estão implicados, da parte da criança, necessidades físicas, fisiológicas e emocionais, bem como certas disposições pessoais, inatas ou adquiridas. Da parte da família, estão implicados igualmente as necessidades de seus membros, seu conjunto de normas, valores e ideais e o conjunto de padrões comportamentais que os expressam, bem como certos objetivos explícitos ou implícitos ligados ao desenvolvimento e realização pessoal de cada membro, além das exigências e pressões que o meio social lhes impõe e às quais têm que responder.

Dentro do grupo familiar, temos posições e papéis distintos; assim ao *status* do pai, mãe, avós, irmãos etc. estão associados papéis correspondentes a direitos e deveres próprios e peculiares. O conhecimento da posição e dos papéis assumidos e desempenhados pelos vários membros nos permite reconhecer a cultura desse grupo e sua dinâmica. Em função da estrutura e organização familiar, podemos ter a formação de personalidades mais instáveis ou estáveis, sadias ou doentes, adaptadas ou desadaptadas, maduras ou imaturas etc. Em síntese, a qualidade da influência familiar depende, de um lado, das condições pessoais da criança e, de outro, do padrão psicológico, econômico, cultural da família.

Os hábitos estabelecidos na infância, por serem freqüentemente muito arraigados, passam quase a se constituir numa segunda natureza. Isso é compreensível, considerando-se, de um lado, a grande habilidade de aprendizagem do ser humano na infância e, de outro, o fato de ser esse o período em que se dá a maior quantidade de aquisições, podendo então imaginar-se a importância das experiências desse período e das influências que a criança sofre. Deve-se, no entanto, esclarecer que o grau de importância atribuído às experiências infantis com relação ao curso do desenvolvimento é encarado diferentemente pelas várias escolas. A maioria das teorias de personalidade reconhece que as experiências iniciais da criança são importantes e às vezes marcantes e decisivas. Entre os que dão grande ênfase às experiências iniciais, como determinantes decisivos das experiências atuais, destaca-se Freud. Para este autor, os conteúdos reprimidos no inconsciente, frutos da experiência passada, são mais significativos na determinação da conduta do que os determinantes atuais e conscientes. Além de Freud, Cattel, Miller e Dollard, entre outros, também consideram que as experiências passadas participam de forma significativa nas respostas atuais do indivíduo. Mas, ao contrário destes, autores como Lewin, Allport e Rogers, sem deixarem de reconhecer que as experiências iniciais são importantes e devem ser levadas em conta, enfatizam que os fatores determinantes mais significativos se encontram na situação presente e nela devem ser pesquisados.

b) *Influência da classe social*: o meio social é estratificado em diversos níveis ou categorias, com características próprias que os diferenciam e nos quais os indivíduos se situam. Um desses padrões de categorização se refere à classe social, que é, segundo Recaséns-Siches (1965), "um círculo coletivo, definido por modos de vida característicos, pela coincidência de interesses e pelo sentimento de ser um grupo diferente das outras classes sociais". Os membros de uma classe se identificam em termos de idéias e preconceitos, conceitos, necessidades, tipo de educação e conhecimentos, poder político e econômico, função social, padrões comportamentais etc. Um dos aspectos típicos das classes sociais é a possibilidade de mobilidade vertical, isto é, um indivíduo ascender a uma classe superior ou descer a uma inferior. As relações entre as classes sociais, nos períodos de progresso e estabilidade social, tendem a ter contornos de amistosidade, ao passo que nas épocas de instabilidade política, econômica e social, tendem à hostilidade e disputa.

Um dado importante é que as pessoas têm consciência de pertencerem a uma dada classe social e identificam essa classe. Esse fato, entre outros, contribui para que o indivíduo assuma os padrões próprios da classe. Vivendo e relacionando-se com pessoas que comungam determinados valores, normas e ideais, a respeito dos mais variados tópicos, é de se supor que esse indivíduo acabe assimilando tais padrões à sua personalidade, passando a compartilhá-los com os demais membros da classe. Ele é um entre iguais, e essa igualdade é um fator decisivo na adesão do indivíduo à classe. A classe social é um fator determinante do comportamento que implica e afeta todas as áreas da vida do indivíduo: modo de educação, tipos de interação social, preferências e gostos, ideologia política e religiosa, objetivos pessoais.

Um dos modos pelos quais o indivíduo é afetado pela classe se refere à sua influência sobre as motivações dele; indivíduos de classe baixa, por exemplo, tendem a voltar-se para objetivos mais imediatos, ao passo que os de classe alta visam a metas futuras. Por outro lado, os condicionamentos e identificações com os padrões de uma dada classe social constituem fatores que limitam o desenvolvimento pessoal. Daí porque a passagem do indivíduo de uma classe para outra torna-se tão difícil e às vezes impossível, pois implica abandonar todo um padrão estruturado de ser, para desenvolver um outro padrão diferente e até mesmo oposto. É o que se verifica com freqüência em pessoas que enriquecem subitamente e passam a ter acesso a uma série de bens e comodidades, tais como educação em escolas melhores, assistência médica especializada, moradia de alto padrão em bairro diferenciado, e que mesmo assim não se inserem na classe a que tais características são mais freqüentes. O indivíduo tornou-se mais próximo da classe superior, mas não faz parte dela. Se ele não desenvolver convenientemente os padrões típicos da classe, por certo não será aceito pelos seus membros. Por outro lado, uma das ameaças que o indivíduo sente, ao tentar deixar sua classe social para ingressar em outra, é a de "perder as suas origens", o que é vivenciado geralmente como culpa por estar abandonando os que lhe eram próximos. Uma autêntica mudança de classe social implica grandes transformações na personalidade. Esses fatos ilustram com clareza o tremendo poder de determinação que a classe social pode impor, e normalmente impõe, à personalidade das pessoas.

c) Influência cultural: a cultura se refere ao modo de vida que uma população assume, isto é, o conjunto de comportamentos e objetos desenvolvidos, visando à adaptação dessa população. Ela diz respeito a tudo o que afeta essa população: sua forma de estruturação e organização, seus padrões de solução de questões ligadas à vida, morte, crescimento, saúde, educação, lazer, que tendem a se perpetuar através das gerações.

Toda sociedade desenvolve uma cultura que lhe é peculiar. Em função do crescente interesse no estudo e compreensão das mais variadas sociedades, emergiram dados que enriqueceram nosso conhecimento acerca das influências que a cultura pode impor à personalidade dos indivíduos de uma dada sociedade. Esses estudos, envolvendo sociedades mais primitivas ou então comparando as diferenças culturais encontradas no meio rural e no meio urbano de uma determinada sociedade, têm permitido saber como cada cultura e subcultura consideram problemas ligados à saúde e doença mental, posturas frente ao uso de drogas e rituais de iniciação. A partir de tais estudos, é possível perceber que as diferenças no papel sexual, antigamente atribuídas exclusivamente a fatores inatos, são em realidade substancialmente determinadas pela cultura.

O estudo de instituições como a família, em sociedades distintas, ilustra como certas características emocionais se desenvolvem ou são inibidas nas crianças dessas sociedades em decorrência do modelo cultural adotado nelas. A esse respeito, vale a pena consultar os trabalhos de Erik Erikson, entre outros.

A extensão da influência cultural é tal, que abarca todo o mundo da pessoa, como considera Stoetzel (1963): "...um indivíduo de dada sociedade só pode perceber e compreender o próprio universo físico em que se movimenta, através das interpretações desse universo, que a sua cultura lhe oferece". Não há, pois, uma realidade unívoca, e as noções de tempo e espaço estão intimamente conjugadas com outras noções pertinentes à vida de cada povo. É por essa via que se pode entender o horror de um primitivo ao fitar pela primeira vez um espelho ofertado por um civilizado, pois, ao ver sua imagem refletida, tal fato significa-lhe que sua alma foi aprisionada pelo outro. Do mesmo modo, devem ser considerados os intrigantes fenômenos ligados à prática vudu. Um outro ponto que merece atenção se refere ao conceito de personalidade básica, formulado por Kardiner e utilizado com certa freqüência por alguns sociólogos. Esses autores consideram que no estudo de uma sociedade transparece um conjunto de traços, atitudes e características psicológicas comuns, partilhados pela maioria de seus membros, que configurariam um padrão de personalidade próprio dos membros dessa sociedade. Tais traços e atitudes se desenvolvem na maioria das pessoas, pelo fato delas estarem submetidas às mesmas influências culturais. Do ponto de vista da Psicologia da Personalidade, essa noção é questionável. Sem dúvida, é possível encontrar certos traços de uma sociedade, frutos de uma determinação cultural comum. Mas isso, por si só, não configura uma *personalidade*. É preciso levar em conta que a realidade de uma sociedade consiste na existência de inúmeros grupos e subgrupos partilhando condições culturais semelhantes, mas não idênticas, isto é, desenvolvendo cada um sua subcultura.

A QUESTÃO DA HEREDITARIEDADE-MEIO

Historicamente, essa questão foi formulada em termos da dicotomia natureza-educação, que traduz um ponto de vista comumente expresso na psicologia popular: é o homem fruto de sua natureza ou produto do meio?

Até hoje, frente a um comportamento inusitado ou de difícil compreensão, o leigo tende a "explicá-lo" em função da natureza do indivíduo ou como uma influência que ele tenha recebido de seu meio. No mundo científico, essa dicotomia assumiu a forma de um longo debate acadêmico, só tendo sido superado quando se compreendeu que essa forma de considerar o comportamento em termos de "ou - ou" era sem sentido e irrealista. A realidade da adaptação do homem ao meio não se dá em termos mutuamente excludentes, mas, ao contrário, inter-relacionados e com freqüência interdependentes. A adoção do ponto de vista interacional levou os pesquisadores a enfocar o problema sob uma nova óptica, onde o interesse passou a ser dirigido no sentido de se determinar o quanto de hereditariedade e o quanto de influência ambiental estavam combinados para produzir uma determinada característica psicológica. Além disso, tornou-se necessário conhecer, de um lado, os mecanismos de que a hereditariedade lança mão para expressar-se e, de outro, como o meio torna efetiva a sua influência.

Reconhece-se hoje em dia que tanto a hereditariedade como o meio devem ser pensados em termos de estarem estabelecendo os limites com que uma dada característica possa se manifestar. Essa combinação de influências não deve ser entendida em termos de mistura ou somatória, mas de interação. Alguns autores consideram a hereditariedade como estabelecendo possibilidades e limites de expressão, enquanto o meio, pelas condições e oportunidades que oferece, responderia pelas gradações e diferenciações típicas que a característica viesse a apresentar. De fato, poucas são as características humanas, físicas ou psicológicas, determinadas exclusivamente pelo patrimônio genético do indivíduo, isto é, características que tenham se expressado em um modo específico, sem que a intervenção ambiental não tivesse também contribuído para que tal expressão fosse como é. O que observamos com maior freqüência é que, mesmo que a determinação da expressão de uma dada característica tenha sido fundamentalmente genética, há uma participação de fatores ambientais contribuindo para que o fator genético se expresse. Como exprime Wells (1982), "o gene é causa necessária, mas não necessariamente suficiente". O conhecimento dos processos maturacionais nos revela tais fatos. A estimulação ambiental, antes de ocorrer a maturação da estrutura física, não leva ao aparecimento da função, por exemplo, de andar; e a ausência de estimulação ambiental na época da maturação da estrutura física pode comprometer seriamente ou até mesmo impedir o aparecimento e desempenho da função. É o caso dos meninos-lobos que não aprenderam a andar de pé.

A compreensão dos mecanismos envolvidos na interação hereditariedade-meio é que nos permitirá entender tanto as semelhanças quanto as diferenças individuais. A grande complexidade dessa interação e a impossibilidade de se isolar a variável hereditariedade da variável meio tornam extremamente difícil reconhecer com precisão, em cada caso estudado, a parcela de contribuição de cada um dos fatores, mesmo porque, a partir de um certo ponto, a própria personalidade passa a se constituir numa terceira variável dessa equação. Além do mais, cada fator depende um do outro: o meio é função da hereditariedade, e vice-versa.

Os problemas metodológicos implicados no estudo da interação hereditariedade-meio são de difícil solução ou até mesmo insolúveis, segundo Schneirla (cf. Nogueira Neto, 1984). A hereditariedade e o ambiente não são entidades autônomas e independentes. A hereditariedade significa potenciais e perspectivas de desenvolvimento, seja de traços, características ou o indivíduo considerado no seu conjunto, bem como os seus limites de expressão. O ambiente é o fator que consolida o quanto desse potencial irá se atualizar e converter-se em realidade. O meio é um fator catalítico. Tomemos dois gêmeos idênticos, criados em meios bem diferentes, um rico e outro pobre de estimulação. Consideremos também uma dada característica geneticamente determinada, portanto idêntica em ambos, mas que, pela diferença de estimulação ambiental, irá se expressar desigualmente. A menos que soubéssemos de todo o mecanismo de atuação genética que tenha determinado essa característica, inclusive do seu limite superior da expressão, o máximo que podemos definir é que um desses gêmeos poderia ter o desenvolvimento dessa característica em outro nível, maior que o atual, tal como comprovamos pelo nível de expressão da característica em seu irmão. Não podemos saber, via de regra, se esse nível de ambos poderia ser ainda maior se tivessem sido criados em um terceiro ambiente mais rico ainda em estimulação do que os atuais.

Por outro lado, os fatores ambientais não são menos complexos e seu controle não é mais fácil. No caso de gêmeos idênticos, por exemplo, é preciso levar em conta que a diferença de desempenho entre eles pode ter sido causada por influências pré-natais e não pelo meio ambiente em que foram criados, ou, o que é mais provável, causada pelos dois ambientes. Além disso, é preciso considerar que os gêmeos podem não ser uma amostra representativa da população em geral e o resultado de estudos com eles pode não ser válido para esta. Por fim, deve-se levar em conta que aquilo que é efetivo no ambiente, em certa medida, depende da hereditariedade do indivíduo. Se ele não tiver certas disposições que o sensibilizem para certos objetos do ambiente, estes deixam de fazer parte do ambiente efetivo do sujeito. O exemplo mais simples que nos ocorre é o daltonismo, em que por um defeito genético o indivíduo percebe tons cinza onde existem em realidade tons verdes ou vermelhos. Esses casos ilustram bem o aspecto interacional dos fatores hereditários e ambientais, a complexidade dessa interação, bem como a grande dificuldade metodológica envolvida no estudo dessa questão.

Na atualidade, reconhecemos a influência ambiental quando ela sofre "variações de amplitude excepcional ou variações sistemáticas em grupos importantes" (Reuchlin, 1972). Com isso, pode-se evidenciar a influência ambiental atuando sobre características geneticamente determinadas e às vezes até precisar o limite dessa influência (Reuchlin, 1972). Os métodos de estudo em uso envolvem o estudo com seres humanos e a experimentação com animais. Entre os métodos que envolvem seres humanos, o principal tem sido o estudo de gêmeos, principalmente os idênticos. Em linhas gerais, esses estudos consistem em se verificar a variação de certos desempenhos, em função da igualdade ou variação do meio em que foram criados os gêmeos. Se forem idênticos, a variação se deve à variação ambiental, mas mencionamos anteriormente que a causa dessa variação pode estar no ambiente pré-natal e não no ambiente estudado.

Além dos estudos com gêmeos, temos os estudos familiares, onde procura-se evidenciar a variação ou não de certos desempenhos, em testes, como os de inteligência, entre pais e filhos. Do mesmo modo, em alguns trabalhos comparam-se os desempenhos em certas tarefas comuns, de pessoas de origens diferentes.

De forma genérica e resumida, as conclusões derivadas desses trabalhos são que: 1º) existem altas correlações entre os desempenhos de pessoas de uma mesma família, maiores entre os gêmeos do que seus irmãos, e maiores ainda entre gêmeos idênticos do que entre os gêmeos fraternos. Essas altas correlações, o que equivale a dizer, essas altas taxas de igualdade de desempenhos, seriam então devidas a fatores hereditários mais provavelmente (Stoetzel, 1963); 2º) o QI parece ser predominantemente determinado por fatores genéticos; 3º) quanto maiores as oportunidades educacionais, maiores as diferenças no QI; 4º) há diferenças significativas entre certos desempenhos escolares e o sexo do indivíduo. As meninas são superiores em memorização e influência verbal e destreza manual; os meninos são superiores em raciocínio matemático, têm mais aptidão mecânica e conjugação espacial (Kretch, 1975). Não é possível saber se isso se deve a fatores hereditários ou ambientais; 5º) há diferenças evidentes entre ser criado no campo e na cidade.

Em vários trabalhos envolvendo o desempenho em testes de inteligência de crianças brancas e negras norte-americanas, constatou-se sistematicamente que: 1º) o desempenho das crianças negras era inferior ao das crianças brancas; 2º) os perfis do QI de ambos se superpõem; 3º) o QI da criança negra revela aumentos sistemáticos quando as oportunidades educacionais são melhoradas (cf. Kretch e Crutchfield, 1975). A conclusão desses autores é que: ''Não existe uma prova científica de que as diferenças de QI entre crianças brancas e crianças negras sejam devidas a fatores biológicos inatos, nem existe prova científica de que tais diferenças sejam devidas a influências ambientais'' (Kretch e Crutchfield, 1975). Da mesma forma se posiciona Wells (1982), ao considerar que, apesar das inúmeras oportunidades de aprimoramento através da escolarização que o sistema educacional norte-americano oferece a todos os grupos étnicos, inclusive em alguns projetos educacionais especiais, mas que ''... as provas disponíveis nas discussões sobre essas questões educacionais e ocupacionais estão sempre inextrincavelmente misturadas com outras variáveis impoderáveis e incomensuráveis''. E que é difícil a determinação dessas variações, de sua relevância, e a quem elas são relevantes. "Do ponto de vista de uma análise genética da hereditariedade, fica claro que é melhor tratar essas fontes confusas e causadoras de confusão com extrema cautela" (Wells, 1982).

Uma das críticas mais consistentes e constantes tem sido a de que os testes em vigor tendem a enfatizar capacidades e aptidões valorizadas em um dado contexto, o que, portanto, tem um alcance limitado quando aplicado a pessoas em cujas culturas tais capacidades não são valorizadas. O erro consiste em se acreditar que tais capacidades são necessariamente expressão de inteligência, qualquer que seja o contexto cultural em que tenham sido medidas.

A partir de dados como os que apresentamos, torna-se claro como o estudo das questões relativas à interação hereditariedade-meio esbarra em enormes dificuldades decorrentes da complexidade desses fenômenos e dos problemas metodológicos envolvidos nesse estudo.

A ABORDAGEM FORMAL DO DESENVOLVIMENTO

A abordagem formal desempenha um papel importante no conhecimento dos fenômenos envolvidos no crescimento e desenvolvimento, na medida em que, descrevendo uma seqüência típica de estágios ou etapas pelos quais o crescimento de uma pessoa deve cumprir, ela passa a funcionar como um mapa ou roteiro que permite nos orientar na avaliação do desenvolvimento de alguém. É o que o leigo faz habitualmente e que os cientistas têm aperfeiçoado.

Ao contrário da abordagem causal, que enfatiza a identificação dos fatores determinantes do desenvolvimento, na abordagem formal buscam-se a identificação e o reconhecimento de padrões básicos assumidos pelas estruturas e processos físicos e psicológicos ao longo do desenvolvimento. Isso significa que o processo de desenvolvimento implica a diferenciação e integração dessas estruturas e processos, segundo padrões reconhecíveis, ou seja, envolvendo mudanças daquele.

Normalmente os períodos ou estágios que a teoria propõe são descritos em termos de padrões comportamentais típicos e identificáveis, os quais estariam refletindo a participação dos processos e estruturas físicas e psíquicas subjacentes a eles. Temos assim um modelo para saber como a personalidade funciona em cada estágio. Podemos identificar a evolução normal de um indivíduo em um certo estágio, como podemos saber se a evolução de um segundo indivíduo está tomando um curso inesperado ou indesejável. É possível, em função desse conhecimento, dispensar maior atenção aos fatos e condições envolvidas, visando verificar que mecanismos, processos ou estruturas poderiam estar respondendo por tal curso e a partir daí interferir na sua evolução, corrigindo-a. Um exemplo típico do que dissemos é o conceito de fixação da teoria freudiana. Segundo este, toda pessoa passa por certas fases no seu crescimento caracterizadas por impulsos e necessidades de apoio e segurança, auto-confiança e auto-afirmação, inveja e ciúme; se, em determinada fase, o indivíduo for excessivamente satisfeito ou frustrado nesses impulsos e necessidades, estes fixam-se, passando a constituir um padrão estável na personalidade. É dessa forma que se explica a formação do caráter, na teoria psicanalítica. Conhecendo dessa maneira como as experiências resultam em certas características emocionais ou certos padrões comportamentais, podemos ter uma idéia do que esperar no desenvolvimento de uma pessoa, se observarmos as condições em que seu desenvolvimento está se dando, bem como o inverso, conhecendo os padrões comportamentais atuais, supor as condições anteriores que os causaram.

Algumas teorias procuram ser bastante precisas e minuciosas nessas descrições, como acontece com as teorias de Freud, Piaget, Gesell e Erikson. Outras são muito genéricas ou imprecisas, como é o caso das teorias de Jung, Allport, Lewin. E, por fim, outras há que não dedicam nenhuma atenção a tais questões, como as teorias comportamentais e as constitucionais (Sheldon e Kretschmer).

O estudo do desenvolvimento formal pelas inúmeras teorias revela uma grande diversidade de enfoques e metodologias, exigindo para a sua completa apreciação um tempo muito grande, o que extrapola os limites de nosso trabalho. Contudo, certos tópicos, pela importância de que se revestem, merecem algumas considerações.

O primeiro deles se refere à concepção do desenvolvimento segundo uma visão "genética" ou segmentar. No primeiro grupo, os vários estágios ou fases do desenvolvimento são compreendidos em razão da gênese e diferenciação de determinadas estruturas (físicas e/ou psicológicas) subjacentes ao comportamento e que conferem a eles um padrão funcional típico. Tais estágios ou fases estão encadeados de tal modo que o que sucede em um tende a ter conseqüência no estágio subseqüente, o que significa que há uma continuidade no processo. As teorias de Freud e Piaget são os mais claros exemplos de concepção "genética" do desenvolvimento.

Outras teorias, a exemplo das duas anteriores, descrevem o desenvolvimento como constituído por períodos ou estágios definidos, onde há uma ordem ou seqüência na sucessão deles, mas esta não é ditada por uma razão funcional. É o caso do desenvolvimento psicomotor de Gesell.

Além disso, é preciso considerar um terceiro grupo que concebe o desenvolvimento de forma descontínua. Não identificam estágios específicos com padrões comportamentais próprios e duração definida; quando muito, concebem a existência de etapas ou períodos maiores como a infância, adolescência e vida adulta. Essa é a posição assumida por teóricos como Jung, Allport, Fromm e Lewin.

Outro tópico que merece atenção diz respeito a certos aspectos da natureza do processo de desenvolvimento, como as características da força que o impele. Para algumas teorias, essa força é de natureza constitucional ou maturacional. Os conceitos de libido (Freud), busca de superioridade (Adler), individuação (Jung), disposições (Allport), atualização (Rogers) tentam traduzir a intervenção dessa força natural na regência do processo, fazendo com que o organismo busque níveis cada vez mais estáveis, mais diferenciados e mais organizados de funcionamento. Essas teorias creditam enorme poder a essa força básica, entendendo o desenvolvimento segundo a tradição leibniziana, isto é, fundamentalmente autodeterminada, ao contrário das teorias comportamentais, que adotam a postura lockiana da mente como tábula rasa (Allport, 1974). Por autodeterminação não se entenda que aquelas teorias desconheçam o papel da experiência no desenvolvimento, mas, sim, que a compreensão do significado que a experiência teve para o sujeito só pode ser completamente alcançada quando interpretada em função da referida força, visto ser ela quem responde pela diferenciação e integração estrutural. Isso significa um nítido contraste entre teorias como as de Freud, Jung, Adler, Allport e Rogers, que consideram indispensável saber o que a experiência representou para o sujeito, e as teorias comportamentais, que consideram inútil tal conhecimento.

O papel da experiência assume contornos mais evidentes quando se avalia a posição de cada teoria em relação à aprendizagem e à importância que é atribuída a ela na determinação do curso do desenvolvimento. Praticamente todas as teorias concebem como significativa a participação da aprendizagem no desenvolvimento, mas nem todas teorizam sobre o fato: Murphy, Freud, os teóricos comportamentais e os etologistas descreveram mecanismos específicos de aprendizagem. Além disso, algumas deram contribuições significativas para a compreensão dos fenômenos do desenvolvimento. Nesse sentido, não se pode deixar de destacar as grandes contribuições psicanalíticas: noções como fixação, regressão, fase sensível e reação de separação extrapolam hoje o domínio do campo psicanalítico, sendo incorporadas ou reelaboradas por outras teorias.

Outro tópico de muito interesse tem sido o referente à importância das experiências nos primeiros anos de vida como fundamentais na determinação do curso do desenvolvimento. Também nesse caso, a psicanálise teve uma poderosa influência sobre uma imensa parcela de pesquisadores do desenvolvimento, ao creditar a maioria das características pessoais do adulto como frutos das experiências iniciais de vida. Esse enfoque esteve voltado para a valorização dos períodos de maior instabilidade e rápidas transformações do organismo, como a infância e a adolescência, o que é uma realidade. No entanto, esse tópico sempre esteve sujeito a críticas. Uma grande parte delas é dirigida à ênfase excessiva que a psicanálise conferiu a esse postulado. Para muitos autores, mesmo sendo verdadeira, essa correlação não exclui e às vezes não suplanta a determinação atual do comportamento. Como conseqüência, notamos que hoje há uma nítida preocupação em se compreender o desenvolvimento pessoal em sua totalidade, isto é, abrangendo *todas* as experiências significativas do homem, do nascimento à morte. Essa abertura para a compreensão do ciclo vital recebeu grandes contribuições de Allport, Maslow, Erikson, Jung, entre outros.

Essas questões se revestem de enorme significado prático, pois se referem à estabilidade de características pessoais e à possibilidade de suas modificações, o que é essencial para a educação e a terapia. Voltaremos a abordar tais problemas nos próximos capítulos.

CAPÍTULO 6

A ESTABILIDADE DA PERSONALIDADE NOS VÁRIOS ENFOQUES TEÓRICOS

CONSIDERAÇÕES GERAIS

A análise dessa questão tem evidenciado um *continuum*, cujos extremos estão sintetizados na teoria psicanalítica e nas teorias comportamentais. No primeiro grupo, estão as teorias que advogam a estabilidade e a consistência como um aspecto fundamental da personalidade, havendo uma ênfase, ora em termos de estabilidade comportamental, ora em termos de estabilidade de funções, processos e estruturas psíquicas. De um modo geral, são teorias que consideram relevantes as diferenças individuais. Pervin observa que a posição dessas teorias denota haver certa correlação entre o destaque que a teoria dá à conceituação comportamental e as diferenças individuais. É o caso das teorias de Allport, Cattel, Jung, entre outros (Pervin, 1978).

Contrariamente a essas teorias, temos as comportamentais, que dão ênfase a aspectos opostos aos mencionados anteriormente. Enfatizam a plasticidade comportamental, considerando irrelevante ou negando haver consistência nos comportamentos, bem como as diferenças individuais. São teorias que não adotam uma concepção centrada na idéia de estruturas subjacentes ao comportamento. As primeiras enfatizam a pesquisa da história do comportamento, ao contrário das segundas, que acentuam o papel da determinação situacional. Para os primeiros, a consistência denota que padrões comportamentais ou psicológicos estáveis são, via de regra, significativos, ao passo que para as segundas nada disso é relevante. É por isso que as primeiras levam em conta, além do aspecto instrumental do comportamento, o aspecto expressivo, já que é através desse componente que se pode, por exemplo, evidenciar os estilos pessoais de ser.

Entre os teóricos de orientação comportamental que têm freqüentemente questionado a estabilidade comportamental, destaca-se Mischel. Para esse autor, o comportamento humano é muito mais instável e incoerente do que supomos, e o que de fato ele supõe acontecer é que a nossa mente agiria de forma a diminuir as incoerências e facilitar a assimilação de dados não congruentes. E, ainda mais, naqueles casos em que mesmo havendo coerência comportamental, em sua opinião isso teria pouco a ver com as tendências e disposições supostamente estáveis da personalidade e muito a ver com as situações semelhantes em que ocorreriam. Os dados e conclusões levantados por Mischel (1968, 1971) não são definitivos, mas servem para ilustrar a profunda divergência teórica no campo e o grau de indeterminação em que nos encontramos nessa área do saber. A nossa realidade no presente parece revelar que a estabilidade comportamental pode variar segundo os indivíduos, traços ou situações (Pervin, 1978) e que a realidade nessa área é mais complexa do que supomos. Se, de um lado, há evidências de certa plasticidade comportamental, também há as que indicam estabilidade comportamental ao longo do tempo (Bloom, 1964). O mesmo pode se dizer com relação à consistência comportamental. Pervin questiona se não poderia haver indivíduos mais consistentes do que outros, ou se o indivíduo não poderia ser consistente em relação a certos aspectos e inconsistente em relação a outros. Em certas situações, o indivíduo poderia agir marcantemente por razões internas significativas, e em outras situações agir diferentemente, conforme as determinações destas. Em função de aspectos como esses, torna-se importante atentar para a teoria de campo ou interacional, já que, pela sua própria natureza, elas abrem espaço para as várias alternativas e possibilidades, ao contrário das teorias referidas anteriormente, que são do tipo "ou - ou", isto é, abrem lugar para a compreensão de uma alternativa, mas ao mesmo tempo fecham para o entendimento de outras possibilidades.

A ESTABILIDADE DA PERSONALIDADE

Quando se fala em estabilidade da personalidade, pretende-se dizer que ela apresenta uma certa constância nas suas características e no seu modo de ser, as quais perduram ao longo do tempo, ou seja, uma constância estrutural e dinâmica. É através dela que podemos reconhecer os outros e a nós mesmos em momentos diversos de nossa vida.

Habitualmente, essa constância é considerada quanto à aparência física e quanto a padrões comportamentais do indivíduo, mas, a rigor, há outros aspectos envolvidos nessa estabilidade e os quais passaremos a tratar. Para se ter uma adequada compreensão da estabilidade da personalidade, é necessário considerar três aspectos: a estabilidade de características físicas e fisiológicas, a estabilidade de características psicológicas, e a estabilidade comportamental.

A estabilidade de características físicas e fisiológicas. Esta se refere, de um lado, à existência de características físicas estáveis como a cor dos olhos, dos cabelos, a presença ou ausência de pêlos em certas partes do corpo ou de marcas e manchas na pele, permanecendo imutáveis por longo tempo e às vezes por toda a vida. Através desses caracteres físicos persistentes, podemos reconhecer os outros e a nós mesmos, bem como sermos reconhecidos em situações e tempos distintos.

A importância desses caracteres não se limita à função de identificação pessoal, mas estende-se a outros domínios, como o da valorização pessoal. É fácil perceber como a existência de determinados caracteres físicos pode ser motivo de orgulho ou insatisfação pessoal, exercendo variada influência no estado de espírito das pessoas. É o que se passa na apreciação de certos atributos em termos estéticos, de força física, de competência motora e outros mais, afetando a auto-imagem, a segurança pessoal.

Além da existência de caracteres físicos estáveis exercendo algum papel na personalidade, é preciso considerar também a existência de *processos fisiológicos estáveis*, como os processos homeostáticos. Tomemos o processo respiratório como exemplo: assim que as taxas de CO_2 no sangue atingem um dado valor, isso será detectado pelo centro respiratório, o qual emite impulsos que excitarão a musculatura apropriada e dar-se-á uma *expiração* seguida de uma *inspiração*. Como esse, existem inúmeros processos homeostáticos no organismo, assegurando sua vida. Todas as necessidades primárias implicam tais processos.

A relação processo fisiológico-comportamento é bem evidente nas condições descritas acima, mas também não se limita a elas. Na realidade, os processos fisiológicos têm outras formas de influência, às vezes não tão diretas e tão evidentes. Assim, as condições fisiológicas podem atuar no sentido de criar predisposições para certos padrões reacionais. Todos sabem como uma noite mal dormida ou uma ressaca alcoólica predispõem à irritabilidade, mau humor e desânimo.

Outro aspecto fundamental a ser compreendido na relação processo fisiológico-comportamento se refere à participação do sistema endócrino, já descrito anteriormente. Esse sistema é mais adequado para a coordenação em um período longo, como no caso do crescimento corporal. É o caso também da ovulação e aleitamento na mulher ou da ejaculação no homem, que tem uma longa duração e profundas repercussões no modo de ser das pessoas, afetando seu desempenho sexual, maternal, social etc. Esses exemplos ilustram com clareza como os processos fisiológicos repercutem no nível psicológico de modo estável.

A estabilidade de características psicológicas. Devemos aqui considerar distintos níveis em que podemos falar de estabilidade de características psicológicas. Podemos pensar em fatores, tendências, em resumo, tudo o que pode ser considerado como disposições psicológicas estáveis. É o caso dos traços de temperamento e de caráter. Nesses casos, notamos que em situações variadas, através de diferentes formas comportamentais, encontram-se subjacentes, em ação, uma ou mais tendências pessoais peculiares através das quais a pessoa é reconhecida. Em algumas teorias, como a de Allport, a consistência da personalidade está radicada na concepção de tendências persistentes desse tipo, inatas ou aprendidas. É o caso também de atitudes como as de introversão, descritas por Jung.

Em outro nível, podemos falar de estabilidade psicológica, referindo-se às funções psíquicas como o pensamento, atenção, percepção, orientação. Nesses casos, encontramos pessoas que apresentam um padrão estável no modo de ser uma ou mais dessas funções psicológicas, levando-as a expressarem um estilo de ação peculiar, isto é, revelando um estilo cognitivo peculiar e persistente. Existem pessoas que revelam consistentemente a tendência de perceber melhor os detalhes, enquanto outras, ao contrário, manifestam uma tendência a perceberem os objetos e situações em termos globais e genéricos. Nessa área, merecem menção os trabalhos de Witkin (cf. Pervin, 1978), os quais revelam como as pessoas podem ser classificadas, segundo um estilo cognitivo analítico ou um estilo cognitivo global, e que tais diferenças estão associadas com outras diferenças na personalidade, inclusive quanto à forma de expressão de sintomas psicopatológicos.

Há um terceiro nível em que se pode falar de estabilidade psíquica. Referimo-nos aos estados e processos psicológicos estáveis. Nessa categoria, enquadramos a estabilidade dos processos motivacionais, dos processos conscientes e inconscientes, dos processos de controle do comportamento. Em síntese, referimo-nos a todos os processos dinâmicos estáveis.

Finalmente, pensamos a estabilidade psíquica em termos de estabilidade de estruturas psicológicas. Ao se mencionar as inúmeras formas de estabilidade psíquica descritas anteriormente, deveria resultar claro que, ao mesmo tempo, já estávamos tratando, de algum modo, da estabilidade estrutural. E realmente assim é, no caso de algumas teorias como a de Freud e Allport. Mas isso não é válido para todas elas, e é preciso relembrar que o que cada teoria considera como estrutura se refere a aspectos e realidades distintos do que foi descrito anteriormente.

A estabilidade comportamental. Inicialmente, devemos considerar que sendo o comportamento o modo de expressão da personalidade, a estabilidade daquele é um reflexo da estabilidade desta, o que justifica o seu estado. Quais as formas comportamentais (estáveis) que revelam a estabilidade da personalidade? Consideremos principalmente certos atos motores estáveis como os cacoetes e maneirismos. Referem-se a padrões comportamentais estereotipados, fixados, realizados automaticamente e com freqüência, incômodos para seu portador e também para os que lhe estão próximos. Parecem surgir como respostas, com um propósito adaptativo, mas que perdem com o tempo esse sentido, tornando-se atos autônomos realizados fora do contexto. Mas, mesmo sendo uma tentativa fracassada de adaptação, a extensão do comprometimento da personalidade costuma ser relativamente pequena, o que limita a importância dessa forma de expressão. É possível, contudo, que, em certos casos, tais atos alcancem uma dimensão que acabe por prejudicar seriamente o funcionamento da personalidade.

Temos que abordar também os comportamentos estáveis significativos, tais como hábitos, vícios e toda a gama de comportamentos e rotinas aprendidos e necessários à nossa adaptação. Talvez a maior parte de nossos comportamentos adaptativos estejam enquadrados nessa categoria, o que evidencia o grau de envolvimento da personalidade em tais casos. Nessa condição, a estabilidade comportamental parece estar expressando um princípio da conservação na medida em que tais comportamentos revelam sucesso na adaptação. Contudo, não se pode assim afirmar, visto haver comportamentos significativos estáveis desadaptativos ou patológicos, como os rituais obsessivo-compulsivos, os vícios e demais compulsões. Nesses casos, a estabilidade se converte em rigidez.

E, por fim, temos que considerar dentro da estabilidade comportamental as classes ou padrões comportamentais equivalentes e estáveis. Como se pode observar, a ênfase não é em um dado comportamento, mas em inúmeros comportamentos, com um mesmo sentido. É o caso dos papéis sociais. Considere-se, por exemplo, o papel professor. Em certos momentos, o papel implica saber ouvir e em outros, saber falar. Ambos os comportamentos levam à formação da imagem do bom professor. Esse é o caso em que se evidencia a consistência comportamental mais do que propriamente a estabilidade comportamental *sensu strictu*.

Por todas essas considerações, é perfeitamente justificável falar em estabilidade comportamental e da personalidade. Resta à consideração crítica a questão de ser a estabilidade comportamental mero reflexo da estabilidade situacional, como propõe Mischel, ou, como querem outros, produto da estabilidade de processos e estruturas psicológicos, incluindo-se as disposições.

Mudanças na personalidade: a questão da estabilidade da personalidade traz consigo o seu contraponto, ou seja, o que, quando, como e quanto é possível modificar e mudar na personalidade? Essas questões são relevantes não só no contexto do conhecimento dos processos de desenvolvimento, mas também em outros, como o da educação e o da psicoterapia.

A posição das várias teorias a este respeito, como não poderia deixar de ser, é expressa por profundas divergências. As teorias comportamentais concebem a personalidade como sendo caracterizada por uma grande plasticidade, o que significa uma grande capacidade de mudanças. Todo comportamento pode ser extinto, modificado ou provocado. A ênfase nos determinantes atuais, basicamente situacionais, valorizados por esse enfoque, reflete-se conseqüentemente na idéia de que basta a modificação dos mesmos para se conseguir uma mudança na personalidade, seja por extinção ou modificação de um comportamento antigo, ou por desenvolvimento de um comportamento novo. É essa a realidade na prática? Esses princípios se aplicam a quaisquer comportamentos? Essas são questões para as quais temos que ter respostas ou, pelo menos, algumas evidências que nos levem a ultrapassar o nível da simples conjectura teórica.

As teorias comportamentais consideram que toda a atenção e interesse devem estar centrados na resposta, isto é, no comportamento manifesto, objetivo. Não interessa o significado pessoal deste, como não interessam as condições, processos e estruturas internas descritos por outras teorias. A chave da mudança está na manipulação das condições ambientais, isto é, dos estímulos que desencadeiam respostas específicas. São, pois, teorias bastante otimistas quanto à possibilidade de provocar mudanças na personalidade. Algumas críticas, contudo, têm sido levantadas, questionando tais posições.

Uma dessas críticas parte do fato de que essas concepções, em sua maioria, resultam de estudos com animais em laboratórios, onde as condições são bem controladas, derivando daí a precisão e o rigor que as caracterizam e conferindo o caráter científico a elas. Quando aplicadas, porém, ao complexo comportamento humano, nas condições naturais em que ele acontece, a sua precisão e objetividade esmaecem, não diferindo substancialmente do que advogam outras teorias (Hall e Lindzey, 1973). É o que acontece com os conceitos de estímulo e reforço que, freqüentemente, são bem definidos e identificados nos estudos laboratoriais, o que não ocorre com a mesma facilidade nas condições não-laboratoriais.

Outra crítica importante se refere à definição de comportamento, geralmente considerada em termos de efeitos sobre o ambiente e não propriamente em movimentos específicos do organismo (Breger, 1979).

Essas críticas à teoria, associadas ao fato de que os aspectos simbólicos e cognitivos do comportamento apenas recentemente passaram a merecer maior atenção por parte dos teóricos e terapeutas comportamentais, é que nos levam a crer que o acentuado otimismo quanto às mudanças de personalidade, que caracteriza essas teorias, estava fundamentado mais no simplismo de algumas de suas formulações do que na tradução de uma maior eficiência que elas teriam sobre as outras teorias.

Outros enfoques teóricos sustentam uma idéia também bastante otimista quanto à capacidade de responder de forma nova a estímulos e condições antigos. É o caso das teorias de Adler, Rogers, Maslow, Allport e Jung. Essas teorias compartilham um ponto em comum; todas partem do princípio de que a natureza humana encerra uma tendência atualizadora, que impulsiona o indivíduo ao desenvolvimento e crescimento. Individuação, busca de superioridade, atualização do eu são nomes utilizados para descrever essa disposição fundamental da personalidade no sentido de diferenciar-se até alcançar seus limites ao completar-se, isto é, atingir níveis cada vez maiores e mais profundos de integração e harmonia. Fundamentados no finalismo e na teleologia, esses enfoques consideram os distúrbios emocionais, neuróticos ou psicóticos como tentativas malsucedidas da adaptação, ou seja, na raiz de tais distúrbios encontram-se a tendência e o impulso para a saúde e o aperfeiçoamento pessoal. A mudança é entendida como conseqüência de uma reorganização interna, emocional, fenomenológica, quando determinadas condições psicológicas forem restabelecidas. Há uma ênfase, principalmente em Rogers, no papel da atitude do terapeuta como fator responsável pelo restabelecimento de tais condições. É preciso notar, nesse autor, que a mudança se refere mais a sentimentos e impressões de si mesmo (autoconceito) do que propriamente a mudança comportamental.

Em contraste com o que foi descrito anteriormente para os dois grupos de teorias, há a teoria freudiana, que assume uma postura bem mais pessimista quanto à possibilidade de mudança na personalidade, sem, contudo, fechar tal possibilidade. Assim, temos, de um lado, as mudanças típicas por que passa a personalidade no seu processo de desenvolvimento e, nesse sentido, a teoria psicanalítica é uma das poucas a oferecer uma descrição sistemática e detalhada das fases que, a seu ver, caracterizam esse processo. Há uma preocupação em descrever tanto os padrões comportamentais quanto as mudanças e as modificações internas, estruturais, que os fundamentam. Em vista disso, abre o espaço para as mudanças que podem ocorrer na personalidade em função das medidas educacionais e terapêuticas. Por outro lado, a ênfase determinista da teoria, atribuindo um alto peso às experiências passadas em detrimento do valor das experiências atuais, restringe consideravelmente a perspectiva de mudança de comportamentos adquiridos principalmente na infância. Para que tal mudança possa ocorrer, é necessário que o indivíduo realize um altíssimo investimento sobre ela, tanto em termos pessoais (emocionais, motivacionais etc.) quanto em termos financeiros e de tempo, o que na prática se mostraria extremamente limitador. Paradoxalmente, a teoria psicanalítica talvez seja a teoria mais detalhada, no que diz respeito à caracterização do processo de mudanças, seja no nível comportamental, seja no nível estrutural. Termos como princípio do prazer e princípio da realidade servem para qualificar padrões comportamentais mais infantis ou mais maduros; fixação e resistências se referem a condições que obstaculizam as mudanças; sublimação, progressão, função sintética do ego se referem a condições que implicam ou favorecem as mudanças na personalidade.

A essa altura, o leigo deve estar se questionando, e com justa razão, como é possível conciliar enfoques tão contraditórios e divergentes entre si? Um dos pontos que precisa ser esclarecido é que, ao tratarem de mudanças de personalidade, as teorias nem sempre se referem ao mesmo fato. Umas se referem ao comportamento manifesto; outras, ao seu significado simbólico, e outras mais, aos processos e estrutura subjacentes àquele. O mesmo pode ser dito com relação à estabilidade da personalidade. Uma melhor explicitação do real objeto de estudo e atenção por parte da teoria, bem como uma tradução mais adequada do fenômeno descrito nos termos das outras teorias, sem dúvida, enriquecerão nossa compreensão do mesmo e possivelmente contribuirão para diminuir a perplexidade que tais questões provocam. A inclusão de outros aspectos, afora os meramente comportamentais, no campo de interesse das teorias comportamentais; o reconhecimento de que, em certas condições, a determinação interna pode ser mais influente e que, em outras condições, pode prevalecer a determinação externa e, em outras mais, o que conta é a interação das duas: em todos os casos estamos frente a uma saudável abertura no sentido de aprimorar nosso conhecimento nessa área do saber.

O EU, A IDENTIDADE E A PERSONALIDADE

A análise da estabilidade da personalidade leva quase invariavelmente à questão da identidade e esta por sua vez à questão da existência de um eu em cada pessoa. Neste último caso, estamos frente a um dos temas mais controvertidos dentro da Psicologia da Personalidade e é por ele que iniciaremos nossa análise. Antes, porém, um esclarecimento: o tema do eu em Psicologia tem sido objeto de atenção preconceituosa. Por se tratar de um tema de imensa complexidade, tem sido deixado à margem das investigações psicológicas, o que, aliado aos temores de se estar pisando em terreno minado, contribuiu para que os conhecimentos nesse campo emergissem de forma tímida e dispersa. Nosso propósito ao abordá-lo é de trazer à discussão algumas reflexões que nos parecem importantes. Mais do que respostas, o leitor encontrará dúvidas. Acreditamos, porém, que esse é o caminho para o progresso e é por tal crença que nos dispusemos a esta tarefa.

O eu na psicologia popular. É da experiência cotidiana de qualquer pessoa, culta ou ignorante, a noção de que somos ou temos um eu interior que responde por aquilo que fazemos, pensamos ou manifestamos. Quando me questiono sobre quem está escrevendo estas linhas, a resposta que vem à mente é: "Sou eu". Do mesmo modo quando penso, sinto ou digo "Eu sou bom" ou "Eu sou impulsivo", estou expressando a existência de um eu em mim caracterizado por esses atributos. Podemos afirmar com segurança que a experiência mais comum ao leigo é a de ele ter ou ser um eu. Nessa experiência, o que é identificado como o eu é percebido em termos conscientes e como sendo o centro ou núcleo da pessoa. Também é percebido que esse eu tem uma certa força à qual damos o nome de "vontade" e que transmite ao indivíduo uma impressão de liberdade de escolha e poder de decisão. A psicologia popular é tipicamente centrada na consciência, no eu e na força de vontade como poder autodeterminante. Essa é uma das razões do enorme mercado de publicações sobre a força do pensamento positivo.

O eu na psicologia da personalidade. Essa característica dominante da psicologia popular está em franco contraste com o que encontramos na psicologia científica, onde a noção de um eu tem sido questionada, contestada ou definida em termos variados, que o resultado tem sido uma grande confusão. Aquilo que ao nível do leigo parece claro e incontestável, ao nível do cientista mostra-se obscuro e fugidio. Quais as razões para esse estado de coisas? O que é o eu,

143

a rigor? No que consiste, qual a sua realidade e a sua natureza? Como as várias teorias de personalidade se posicionam a esse respeito? Para responder a essas e outras questões, é preciso considerar alguns tópicos:

Razões para se postular a noção do eu: vários motivos têm sido invocados pelos diversos autores para justificar o uso do conceito de eu. Entre esses motivos, destacam-se: 1º) a concepção do homem como ser autodeterminado e dotado de livre-arbítrio; 2º) a unidade e a singularidade pessoal lhe conferem o sentido de pessoa e identidade pessoal; 3º) a percepção de que determinados aspectos são mais pertinentes àquilo que o indivíduo considera próprio e significativo, ao contrário de outros que se lhe afiguram como periféricos (Allport, 1970); 4º) o desenvolvimento de um sistema de valores e ideais que conferem significado à experiência.

Se esses motivos fundamentam o uso da noção de eu, os tópicos seguintes nos ajudam a compreender as razões da confusão reinante no seio da Psicologia da Personalidade, quanto ao uso desse conceito.

Dificuldade metodológica: o conhecimento das realidades pertinentes ao eu foi por séculos objeto exclusivo de atenção por parte da Religião e da Filosofia, sendo que só recentemente e de forma tímida o estudo e a pesquisa daquelas realidades inseriram-se entre os objetivos da ciência, mais especificamente, da Psicologia da Personalidade.

De um modo geral, a concepção religiosa considera o eu como expressão do espírito ou alma que habita o ser de cada pessoa, o sopro de Deus a conferir vida a esse ser. Corresponde ao elemento divino na natureza animal do homem, diferenciando-a das demais espécies. A alma é o princípio de vida espiritual a guiar seu portador; a raiz da moralidade e da inteligência a permitir a elevação do homem a dimensões superiores àquelas condicionadas pela sua natureza humana.

O método religioso consiste em inúmeras práticas que visam propiciar ao sujeito a visão ou revelação de Deus, a reconhecer a expressão de sua Vontade, e ao desenvolvimento da compreensão e aceitação desta, como forma de orientação vital. O encontro com Deus é o encontro com a Verdade de si próprio.

Na visão filosófica, o eu tem sido considerado a realidade primeira da pessoa, a fonte do conhecimento, como na Religião, mas considerando-a como realidade natural, metafísica, não sobrenatural. Ela procura explorar o eu, visando descobrir seus atributos e propriedades fundamentais que lhe possibilitam o conhecimento da realidade. Seus fundamentos repousam no espírito humano entendido como aquelas faculdades psíquicas que permitem ao homem a consciência e a racionalidade.

O método filosófico vale-se da reflexão e do pensamento, construídos e elaborados segundo os rígidos e rigorosos princípios lógicos, visando alcançar a certeza do que é.

Na concepção científica, o eu se refere a várias realidades de natureza biológica, psicológica e social, cujo reconhecimento visa precisar no que consiste, como se forma e desenvolve seu papel e funções na personalidade, daquilo que é reconhecido como o sujeito da experiência.

O método científico clássico consiste na identificação das condições que regem os fenômenos e a sua validação por via experimental. Esse modelo, tão útil às ciências físicas, tem se mostrado limitado e às vezes impossível de ser aplicado em Psicologia, incluindo-se o estudo dos fenômenos do eu. Por essa razão, outros modelos têm sido aplicados em Psicologia. O levantamento da história natural de um fenômeno, inspirado no modelo das ciências naturais, como a Biologia, tem sido um deles. Do mesmo modo, a abordagem de realidades psicológicas, segundo os enfoques fenomenológico e existencial, valorizando a subjetividade como fonte de conhecimento em contraponto à abordagem "objetivista", bem como o desenvolvimento crescente de técnicas de reflexão, meditação e auto-observação, os avanços em psicofarmacologia, têm sido todos alternativas de que se tem lançado mão no sentido de um melhor conhecimento do eu.

Não obstante todo esse esforço, notamos que os resultados têm estado aquém do esperado, dadas as dificuldades metodológicas para se abordar cientificamente esses fenômenos. Diferenças de instrumentos de pesquisa, das características dos sujeitos estudados, das condições de teste, associados à imprecisão teórica, têm sido alguns dos fatores responsáveis por tais dificuldades (Wylie, 1961).

Não podendo valer-se da abordagem religiosa ou filosófica, porque não atendem aos seus objetivos como ciência, e não tendo ainda desenvolvido uma abordagem adequada aos seus propósitos, é esperado que os conhecimentos obtidos pela Psicologia sejam ainda confusos, contraditórios ou incertos. Por essa razão, Wundt foi um dos primeiros autores a propugnar uma psicologia sem eu, na medida em que tal conceito teria um caráter circular e o eu fosse tratado como um "deus ex machina" (Allport, 1970), isto é, um ente interior, transcendental, a dirigir o comportamento do indivíduo. Nesses casos, o pronome eu está sendo usado circularmente, configurando uma petição de princípio e não podendo ser confundido com uma explicação em bases científicas.

O eu, na concepção psicológica, se refere a realidades psíquicas, como os processos e mecanismos psicológicos, empiricamente derivados e cuja abordagem deve-se fazer por métodos científicos. Se a dificuldade metodológica tem sido uma razão para que os nossos conhecimentos acerca dos fenômenos do eu sejam escassos, isso deve ser entendido como um desafio natural próprio da aquisição do conhecimento científico. Temos que caracterizar as leis e o *modus operandi* do eu, e não cair simplesmente no erro de atribuir o comportamento a um homúnculo interno.

Confusão terminológica: entre os autores que dedicaram atenção ao estudo dos fenômenos pertinentes ao eu, encontramos uma diversidade terminológica que reflete a dificuldade de delimitar e definir o que seja realmente essa realidade. Nomes como ego, self, eu transcendental ou eu empírico são usados para nomear o que se percebe como eu.

Uma primeira dificuldade consiste em que a mesma palavra é usada com sentidos diversos, para descrever realidades diferentes ou pelo menos não idênticas. É o que se passa com o termo "ego", empregado diferentemente por Freud, Jung, Murray e Cattel. Também o termo "self" padece do mesmo problema. Compare-se, por exemplo, o uso do termo em Adler, Jung e Cattel. Em sua clássica obra *Teorias da personalidade*, Hall e Lindzey (1973) apresentam dez conceitos diferentes de ego ou self, formulados por diferentes autores.

O uso do mesmo termo para nomear realidades psicológicas não idênticas se deve em parte ao fato de que tais realidades são similares, havendo por isso mesmo muitos pontos de concordância nos vários conceitos. Mas o problema se agrava enormemente quando o mesmo termo é usado para expressar conceitos tão diferentes entre si, o que leva à desorientação. Nessas condições impõe-se a todos os que se dedicam ao estudo da Psicologia da Personalidade a exigência de conhecer as diferentes formulações e estar assim advertido do risco de se tomar um conceito por outro.

Uma segunda dificuldade de natureza terminológica diz respeito à tradução de termos cunhados em outras línguas. Com freqüência, encontramos o termo freudiano "ego" traduzido como "eu", o que é uma incorreção.

Confusão conceitual: dissemos anteriormente que a diversidade terminológica refletia a dificuldade em delimitar e definir o que seja realmente o eu. Uma das razões para essa dificuldade reside no fato de que o que é identificado como o eu constitui-se em uma realidade muito complexa. Enquanto essa complexidade não for dissecada e compreendida, é esperado que os conceitos que tentam traduzi-la sejam diferentes ou heterogêneos, conforme a idéia que cada autor faça de sua natureza. Na realidade, cada autor tem uma noção de eu essencialmente diferente da dos demais, o que ficará claro a seguir.

O conceito *eu* pode estar se referindo a duas realidades psicológicas bem distintas: 1º) como aquela parte de cada um que é percebida; 2º) como aquela parte de cada um que é responsável pela percepção (e ação). A primeira alternativa se refere ao *eu-como-objeto* da percepção, enquanto na segunda trata-se do *eu-como-sujeito* da percepção. Vamos considerar cada uma delas.

Quando digo "Eu sou bom" ou "Eu estou com frio", estou me referindo ao eu, objeto das minhas percepções. A imagem presente em minha consciência nesse momento, revelando esses meus atributos (bondade ou estar com frio), é como um reflexo a revelar a mim mesmo o que eu sou. Tal como se fosse um espelho, a minha consciência reflete a imagem do meu ser-bondade ou com frio. Nesses casos, a palavra "eu" está sendo usada no sentido de expressar o eu enquanto objeto das percepções. Autores como Murphy, McClelland e os fenomenologistas como Angyal e principalmente Rogers advogam essa concepção. Para eles, o eu se refere ao conjunto organizado de percepções que a pessoa tem de si mesma, isto é, a imagem ou conceito que cada um tem de si próprio. Essas imagens são formadas desde o nascimento, a partir das interações e experiências pessoais. Grande parte dessas imagens são construídas a partir das imagens que os outros têm do indivíduo, ou seja, este passa a se perceber e avaliar-se nos termos em que é percebido e avaliado pelos outros. Outra parte provém das experiências onde o indivíduo se percebe sendo desta ou daquela maneira, modelando dessa forma seu autoconceito. Nesse ponto, temos que fazer uma discriminação a respeito desse conceito de eu. Quando falamos em autoconceito ou imagem de si próprio, estamos tratando de uma representação mental ou conteúdo psicológico. É a idéia que desenvolvemos a partir do que nos é comunicado pelos outros. O eu que aqui é o objeto das minhas percepções, o eu que percebo, é uma imagem do que sou (autoimagem) e não propriamente o que sou ou estou sendo. Por outro lado, quando eu me flagro sendo, por exemplo, inseguro ou prestativo, minha percepção capta algo que sou ou estou sendo no momento exato que ambos ocorrem. O que neste momento é objeto das minhas percepções é aquilo que realmente sou. Dessas percepções resultará também uma imagem ou autoconceito, por exemplo, de ser inseguro ou prestativo, tal como me percebi ao ser esses atributos.

Essa discriminação entre o eu como *percepção do que se é* (como objeto) e o eu como *percepção de uma imagem do que se é* (como conteúdo) tem uma importância fundamental para o bem-estar do indivíduo e para as mudanças em terapia como bem demonstrou Rogers. Para este autor, a congruência se refere aos graus de concordância entre o eu como percepção do que se é e o eu como percepção de uma auto-imagem. A congruência se refere ao grau em que o autoconceito corresponde ao que se é realmente, porque as percepções de si mesmo foram fidedignas. Esse é um tópico fundamental. Se o eu se refere às imagens que a pessoa faz de si mesma, devemos concluir que há o risco desse eu ser "falso", isto é, as imagens que irão compô-lo não corresponderem ao que a pessoa realmente é. E, de fato, assim ocorre: a imagem que desenvolvemos de nós próprios não corresponde totalmente ao que realmente somos. Com freqüência, a realidade e as experiências pessoais nos levam a modificar a visão que temos de nós mesmos com relação a certas características ou atributos pessoais. Assim, uma pessoa que se julga muito boa e prestativa porque está sempre pronta a dizer "sim" aos outros descobre que no fundo de si mesma é insegura e não tem coragem de dizer "não" aos outros, por medo de feri-los e magoá-los. O que parecia ser um traço positivo ou virtude revela-se uma característica negativa da sua personalidade ou uma limitação pessoal.

Não deve ter passado despercebido ao leitor que, enquanto falamos em percepções de si mesmo, isso implica que alguma coisa está na função de quem percebe. Os autores citados acima consideram que o percebedor é o organismo, evitando assim a questão de um *eu percebedor* e atendo-se apenas ao *eu como coisa percebida*, seja do que se é ou da imagem do que se é. Esse eu enquanto objeto da percepção influi sobre a conduta, ditando as peculiaridades e o curso desta. Guardadas as devidas proporções, tais propostas são relativamente próximas das que encontramos na psicologia popular, onde o eu se refere às percepções constantes e estáveis de si mesmo.

Apesar de válido e de ter dado seus frutos, como o atestam os trabalhos de Rogers e seus seguidores, há muitas críticas a essas posições. A principal delas reside na concepção de que o eu como coisa percebida (eu fenomenal) não pode ocupar uma posição tão nuclear, visto que ela deveria ser ocupada por um eu-como-sujeito ou agente (Smyth, 1950).

A noção do *eu-como-sujeito* é o cerne do problema quando tratamos das realidades do eu. Para o leigo, é a realidade mais imediata e indubitável, enquanto para a tradição budista o eu é uma ilusão a que nos apegamos. O eu-como-sujeito é o conceito mais complexo e controvertido do campo da psicologia do eu, porque implica, entre outras, a possibilidade de este se tratar de um princípio vital ou existencial, idéia que guarda muita semelhança com a noção de alma ou espírito, nas religiões. Nesse sentido, o eu é entendido como uma realidade psicológica, dotado da propriedade de ter consciência. Significa que esta (ou a percepção) é um atributo desse ser essencial, só podendo ocorrer em função dele. Neste caso, trata-se de um eu puro ou transcendental, postulado na Filosofia por Kant e na Psicologia por Allport, entre outros. No entanto, o mesmo Allport (1970) nos adverte do risco de se usar o conceito de eu para explicar a unidade, a coerência e a intencionalidade da pessoa, sem definir como elas decorrem dele. O problema, portanto, não é questionar se existe ou não tal eu, mas o de definir e identificar suas propriedades e funções, no nível psicológico, de forma que o conceito tenha operacionalidade. Um primeiro passo nessa direção foi dado quando se considerou esse eu em termos de um *eu-como-processo*.

O eu-como-processo se refere ao conjunto de processos psíquicos e físicos que respondem pelo que o sujeito é. A noção de ego na teoria psicanalítica corresponde, em parte, a essa concepção. O ego é uma estrutura ou agente interno caracterizado por um conjunto de processos psicológicos, conscientes, como o pensamento, a memória, a atenção, a motricidade, a afetividade, linguagem cuja função básica é estabelecer relações do indivíduo consigo mesmo e com o meio externo. O ego intermedia as relações do indivíduo com seu mundo interno e com o meio externo (Freud, 1976a). É a estrutura executiva na teoria psicanalítica. Tais processos são habitualmente inconscientes. Ao pensar ou falar, o indivíduo está normalmente ciente do que está fazendo e expressando, mas o processo psicológico envolvido é em si inconsciente. Ao perceber um objeto, tenho consciência dele; posso até perceber que estou tomando consciência do objeto, mas não posso perceber ou tomar consciência do processo perceptivo em si. O processo da percepção, como o do pensamento, da linguagem e todos os outros processos egóicos são em si mesmos inconscientes. Deve-se esclarecer que não estamos nos referindo aos processos inconscientes do ego, como os mecanismos de defesa, mas da natureza inconsciente de qualquer processo egóico. Deve-se ainda esclarecer que nessa teoria o ego não corresponde à noção do eu, mas é a estrutura psíquica que fundamenta a noção de um eu e a formação da identidade. O ego é a noção de agente interno mais elaborada das teorias de personalidade.

Mas foi Adler quem talvez tenha dado o maior passo no sentido de estabelecer uma ponte compreensiva entre os processos psíquicos que constituiriam o eu-como-processo e a idéia de que tais processos se referem a alguém. Ao contrário do ego, no qual transparece a idéia de processos impessoais, o self criador de Adler é pleno da idéia de individualidade e "personalidade". O seu conceito de estilo de vida é o coroamento dessa idéia.

Tomemos o desenvolvimento da percepção para ilustrar como um simples processo pode ser na verdade um eu-como-processo. De início, o bebê tem percepções borradas. A maturação das estruturas perceptivas associadas com a experiência acarreta uma diferenciação do processo perceptivo, de modo que, gradualmente, a criança começa a perceber os limites e contornos com nitidez crescente, até chegar a formar a figura (que então se encontra destacada do fundo). Há, pois, uma discriminação inicial das partes, seguida de uma integração delas compondo o todo que é a figura, que passa a ser destacada do fundo. Isso significa que a criança é capaz de atenção, ou seja, destacar a figura do fundo. Um dos aspectos básicos desse desenvolvimento é que os processos perceptivos vão se tornando crescentemente mais especializados, ou seja, estáveis e eficientes, de modo que o mesmo objeto seja sempre percebido do mesmo modo. A constância do objeto, tal como revelado pelas sucessivas percepções, advém da constância perceptiva. Mas isso não é tudo. Incluído nessa idéia de constância perceptiva está o fato de essa constância ser singular, própria e peculiar ao indivíduo. É o seu modo de perceber, ou melhor, é o modo de perceber típico, que ele descobrirá que é o *seu* modo de perceber. O eu-como-processo exige essa constância perceptiva. Mas o que expressamos sobre a percepção é válido para todos os demais processos e funções psíquicas, como o pensamento, a sensação ou os sentimentos. Como as disposições constitucionais e as experiências pessoais são únicas, cada processo que se desenvolve também é único e típico do seu portador. Esse desenvolvimento deve comportar integrações sucessivas, resultando ao final em uma Gestalt, o que se traduz na experiência de um sentido pessoal. O que se chamaria eu nessa concepção é o estilo peculiar dos processos psíquicos envolvidos, que configuram um modo particular de ser, único e típico, que chamamos como "pessoal". O eu-como-processo é então o estilo perceptivo, o estilo motor, o estilo cognitivo, o estilo afetivo e emocional integrado. É a impressão peculiar que emerge da singularidade dos processos psicológicos.

Essa categoria do eu se refere ao eu-como-processo, isto é, uma estrutura, entidade ou agente constituído de processos psicológicos, que responde pela organização, unidade e integração da personalidade.

Os avanços conseguidos com a compreensão do eu enquanto processo, no entanto, não esgotaram a questão das propriedades e funções do eu-como-sujeito. Allport (1970) desenvolveu uma interessante concepção em que procura definir as funções que dizem respeito ao que seria genuinamente *próprio* do indivíduo. São: a percepção do corpo, auto-identidade, valorização do eu, extensão do ego, agente racional, auto-imagem, esforços do eu (que chama de proprium) e eu cognoscente. Sob esses termos, Allport aborda aspectos essenciais do ser humano, como os limites do que é pessoal ou impessoal, a racionalidade, os valores e ideais, o sentido de realização pessoal, constituindo uma das mais sérias e completas propostas formuladas na psicologia do eu.

A nosso ver, as propriedades fundamentais do eu, do ponto de vista psicológico, são: consciência e autoconsciência, identidade, motivação e intencionalidade, tendência ao crescimento e integração, natureza interacional, temporalidade. Vamos considerá-las.

1) *O eu e a consciência:* quando o leigo se refere ao seu eu, ele pretende indicar o agente ou sujeito dos próprios atos, ocupando o centro da personalidade, que é entendida como o campo de sua consciência. Na experiência popular, eu e consciência são correlatos. Também na maioria das teorias de personalidade que abordam o fenômemo do eu notamos a mesma correlação. De fato, a experiência de um eu só é possível mediante a consciência. Isso nos coloca diante de duas interpretações opostas. A primeira é que a consciência é um atributo ou propriedade do eu. Neste caso, admite-se a existência do eu transcendental, e a consciência dele deriva. Essa é a posição teórica de Allport, que considera que o significado que a experiência (isto é, a consciência) revela tem que, necessariamente, estar representado para alguém, um sujeito a quem ela faz sentido. Além disso, Allport apóia-se em Kant, que considera o eu puro ou transcendental como separado do eu empírico, visto que ..."a textura do conhecimento nos dois casos é diferente. A cognição que temos do nosso eu cognoscente é sempre indireta, da ordem dos pressupostos. Por outro lado, todos os aspectos do eu empírico são diretamente conhecidos por experiência, como conhecemos qualquer objeto que está submetido às categorias do tempo e do espaço" (cf. Allport, 1970).

Também Jung (1984) considera a consciência como o requisito essencial para o eu. Qualquer objeto ou conteúdo psíquico só pode ser consciente se estiver associado ao eu (ego). Com relação à autoconsciência do eu (ego), Jung assume que este é tanto sujeito da consciência quanto conteúdo dela (cf. Humbert, 1985).

Na sua segunda interpretação, a consciência é entendida como o elemento primário, como existência própria, justificada por si mesma e sem estar referida a qualquer eu. Ao contrário, a experiência de um eu é que seria uma propriedade da consciência, da qual decorre. Sartre considerava não ser necessário um eu-conhecedor como condição para que o conhecimento se desse. A consciência é um fator cognoscente em si e não haveria necessidade de se invocar um sujeito para justificá-la, pois ela se justificaria por si mesma, como uma realidade centrífuga (cf. Dartigues, 1973). Essa é a posição de William James (cf. Allport, 1984) e, como veremos adiante, de Grof. Na atualidade, essa divergência de interpretações tem sido levantada a partir de outros aspectos. Segundo Capra (1990), a consciência tem sido enfocada de dois modos: como uma propriedade da matéria, que é o ponto de vista tradicional da ciência; ou sendo ela a realidade primária e a base de todo ser, que é o ponto de vista partilhado pela tradição mística. Nesse caso, ela seria imaterial, informe e vazia de conteúdo. O ponto fundamental é que alguns pesquisadores do campo da Física Quântica têm considerado que determinados fenômenos, surpreendentes e paradoxais, parecem fortalecer a interpretação mística, enquanto o respaldo teórico-científico se revela insatisfatório e inconsistente. A realidade do microcosmos parece se comportar mais de acordo com as descrições místicas do que com os postulados científicos.

As questões relativas ao eu e à consciência não se esgotam nas considerações até aqui formuladas e, quanto mais pudermos entender sobre a consciência, mais bem equipados estaremos para abordar o fenômeno do eu.

Inicialmente devemos distinguir que há graus e níveis variáveis com que a consciência pode se manisfestar. Em um nível mais baixo, o sujeito apenas dá-se conta da existência do objeto, ou seja, tãosomente o percebe. É o nível da simples constatação ou sensação, que talvez seja o que se passa no nível animal*. Em um nível mais desenvolvido, temos o *estar ciente*, que configura um saber mais simples. Esse estado se diferencia de outro, que seria o estar consciente propriamente dito, onde, além da percepção do objeto, há a identificação do sentido ou significado relativo ao que ele seja, sua função ou seu papel na situação, inclusive quando na presença do sujeito etc. É uma experiência tipicamente humana. É ser capaz de perceber e entender o que está sendo percebido, bem como saber disso no momento em que ocorre.

Para Sartre (cf. Dartigues, 1973), essa reflexidade da consciência sobre si mesmo, que diferencia o estar consciente do estar ciente, não em valor operacional, mas psicologicamente tal distinção é fundamental, e nesse sentido a experiência psicoterápica é bastante ilustrativa. Certos pacientes, dados à intelectualização, podem discorrer meses e meses sobre o seu "complexo de Édipo", sem estarem realmente cônscios da realidade emocional do mesmo. Podem estar

---

* Gurdjieff vai além e considera que há consciência em toda matéria e que, no homem, há quatro níveis de consciência: sono, o estado de vigília ou consciência lúcida, a consciência de si e a consciência objetiva (cf. Ouspensky, 1989; e Bennett, 1986).

perfeitamente cientes de que competem com o pai e são apegados à figura materna, sem estarem conscientes do significado emocional desse fenômeno, não percebendo, por exemplo, o caráter infantil desses padrões de relação e o que significa estar preso a eles até hoje, quando, já sendo "gente grande", deveria estar agindo como um adulto.

Mesmo o estar consciente comporta graus variáveis. Indivíduos que usaram drogas alucinógenas, por exemplo, LSD, relatam experiências em que apresentam uma "consciência cósmica", em que sentiam e se percebiam unos com o universo, em uma condição de unidade e integração cósmica. Nesses estados, o indivíduo relata níveis de conhecimento e entendimento de fenômenos naturais impossíveis de serem claramente explicitados em termos verbais, tal a riqueza e profundidade da experiência. O relato de vivências e experiências transpessoais tem demonstrado que elas poderiam ser alcançadas por qualquer pessoa, não dependendo de atributos pessoais especiais.

Para os nossos propósitos de compreender a relação entre eu e experiência consciente, as experiências transpessoais se revestem de um significado especial e extremamente promissor. Grof, o criador do termo "transpessoal", assim o define: "O denominador comum desse grupo rico e ramificado de experiências invulgares é o sentimento do indivíduo de que sua consciência expandiu-se além dos limites do ego e transcendem as limitações de tempo e espaço" (Grof, 1987). Tais experiências se caracterizam pelo aspecto vívido e dinâmico com que são sentidas, pela forma inusitada de se obter informações sobre pessoas ou situações que, segundo nossas crenças, deveriam estar fora de nosso alcance, onde o sujeito pode exercer um papel ativo, por exemplo, mudando o foco de atenção. Uma das características desses estados de consciência revela que a mesma é vista como ... "uma característica primária da existência, não podendo ser reduzida ou derivada de qualquer coisa" (Grof, 1987).

O outro aspecto importante do estudo da consciência é a vivência do espaço. Os fenômenos de despersonalização e desrealização evidenciam a consciência como uma capacidade expansiva ou retrátil. Nesses casos, o indivíduo vivencia, por exemplo, o seu corpo ou parte do seu corpo crescer e tomar todo o espaço ou aposento em que se encontra. Isso tudo vivenciado com muita angústia, pois o indivíduo se sente crescendo; é ele quem está se expandindo a ponto de explodir ou ficar comprimido pelas paredes. O inverso também se dá, em que o indivíduo se sente encolhendo a ponto de se perceber do tamanho de uma formiga, o leito onde repousava assumindo proporções gigantescas etc. Estes dados revelam uma grande plasticidade na qualidade com que a consciência pode se manifestar.

Também é preciso considerar a vivência do tempo. É de fácil constatação a diferença do tempo subjetivo, que pode se alongar ou se encolher, ao contrário da experiência do tempo objetivo.

Outro ponto controvertido é o do *locus* da consciência. Habitualmente, esta parece centrada no eu e contida dentro do nosso corpo. Mas em certas condições, como os estados similares ao sono, ou no coma, determinadas pessoas experienciaram ter abandonado o seu corpo, que era percebido em separado, bem como a percepção de toda a situação ao redor. Após acordarem ou terem saído do coma, seus relatos revelam que as percepções tinham sido realísticas e correspondiam ao que de fato se passara na situação. Outros tipos de experiências revelam que a consciência pode estar centrada fora do corpo *e apenas em si mesma* ou *no sujeito puro*. Ter o seu centro deslocável é outra característica importante da consciência.

A consciência é uma disposição aparentemente inata que emerge gradualmente a partir do nascimento, até atingir o estágio que consideramos como adulto. Em condições habituais, ela se dá através dos órgãos do sentido, quando se trata de apropriar-se da realidade do objeto, mas, em certas circunstâncias, sua via é parapsicológica, como relatamos há pouco. Mas como se dá a conscientização dos conteúdos internos?

E, para encerrar essas considerações em torno do eu e a consciência, é preciso levar em conta a existência de uma atividade psíquica inconsciente, tal como formulada nas teorias de Freud e Jung. Freud foi quem lançou as bases para a compreensão da relação entre consciente e inconsciente, mas, como já mencionamos, escamoteou a questão do eu. Jung por seu turno definiu que a formação do eu (complexo de eu) decorre da intervenção de uma disposição inata, o arquétipo do si-mesmo (self), o qual é todo inconsciente. Isso significa que as raízes do eu, centro da consciência, se encontram nos estratos mais profundos do inconsciente. Quando o indivíduo, por exemplo, através de sua análise, realiza a sua individuação e o centro de gravidade pessoal se desloca para um ponto intermediário entre a consciência e o inconsciente, ele passa por uma vivência típica, que é a impressão de continuidade do eu (ego) e si-mesmo (self). A experiência do si-mesmo é a experiência de um eu-mesmo que se estende pelo inconsciente, um senso que indica que o sujeito é mais do que ele percebe se si próprio.

2) *O eu e a identidade:* como mencionamos, a experiência de ter identidade própria é um dos aspectos que justificam a idéia do eu como sujeito da experiência.

A identidade pessoal se refere "...à percepção da uniformidade e continuidade da existência pessoal no tempo e no espaço, e à percepção do fato de que os outros reconhecem essa uniformidade e continuidade da pessoa" (Erikson, 1972). Em outros termos: "Identidade do eu para o próprio eu e o reconhecimento dessa identidade pelos outros" (Recaséns-Siches, 1968).

Dissemos anteriormente que a identidade expressa o paradoxo da mudança em algo estável. É o eu que muda, permanecendo idêntico a si mesmo, ou seja, desenvolve-se e diferencia-se sem alterar essencialmente a singularidade do seu ser. Isso se revela em termos da autoconsciência. Apesar de sua imaterialidade, o eu é vivido e percebido como consistente, e essa consistência pode ser desenvolvida e encorpada quando o indivíduo é cada vez mais ele mesmo, mais genuinamente si próprio. Esse centro de gravidade pessoal se torna cada vez mais pesado e denso.

A psicologia da identidade é sempre psicologia do eu e, principalmente, psicologia da consciência do eu. Isso não significa que a experiência de identidade pessoal não comporte aspectos inconscientes significativos. Os trabalhos de Erik Erikson (1972, 1971) demonstram-no sobejamente. Contudo, o papel atribuído à consciência é fundamental para o desenvolvimento do senso de coisa pessoal.

3) *A tomada da decisão e realização pelo eu:* este é outro aspecto manifesto da experiência do eu-como-sujeito, que precisa ser mais bem compreendido. Ele está ligado primeiramente ao problema da vontade e o poder desta. Em plano mais profundo, inconsciente, ele diz respeito à motivação e à intencionalidade, e é nesse plano que iremos nos concentrar.

A motivação, como já vimos, pode ser abordada e compreendida sob vários aspectos: fisiológico, psicológico, social etc. Em certos tipos de motivação, a participação do eu é clara e decisiva. Estão em jogo nesse nível os interesses, as intenções, a determinação, o propósito e o envolvimento do eu. Todos esses aspectos nos remetem ao problema da intencionalidade. Esta se refere à disposição natural e espontânea, a impelir o sujeito em direção ao objeto, tão logo este é percebido. É a disposição por sentir-se atraído e desejar o objeto.

Rollo May (1973) fez uma apreciação sucinta e precisa acerca da intencionalidade. Considera-a como a estrutura que confere significado à experiência, referindo-se ao modo como cada um conhece a realidade. A intencionalidade é a nossa capacidade de ter intenção, ou seja, de estender-se em direção ao objeto. É ser informado pelo objeto, concebê-lo interiormente e, a partir daí, buscá-lo. Intento é sentido. É através da intencionalidade que dirigimos o foco de nossa atenção e percepção. "Intencionar é voltar a atenção para

155

alguma coisa. Nesse sentido, a percepção é dirigida na intencionalidade" (May, 1973)*. Esse processo interior, seletivo, de conceber o objeto para poder percebê-lo é, em sua natureza, ativo e interacional. Só percebemos uma vontade pessoal quando estamos prontos para tal, isto é, quando somos capazes de concebê-la.

A intencionalidade e a vontade estão ligadas ao futuro, pois, sendo potencialidade, referem-se a algo a ser realizado. Nesse sentido, May considera a experiência humana em termos do eu concebo, eu posso, eu quero, eu sou — e onde o "eu posso" e o "eu quero" são experiências essenciais da identidade e o eu sendo entendido aqui como eu-como-sujeito. "A vontade é intenção autoconsciente; revela o aspecto ativo e auto-afirmativo dos atos intencionais" (May, 1973).

O estudo da intencionalidade revela a motivação em um nível humano.

4) *Natureza interacional do eu:* parece ser indispensável ao eu que ele se mantenha em contínua interação com alguém ou alguma coisa, seja um objeto ou uma imagem psíquica. Somente em estados de muita paz interior o eu parece solto sobre si mesmo, em uma atitude contemplativa e sem nenhuma exigência interna de interação.

Além disso, os relatos de experiências de confinamento em prisões revelam que, para preservar sua integridade psíquica, o sujeito tem que se mostrar ativo e voltado para alguns objetivos, que podem ser coisas simples como decorar versos, fazer contas matemáticas etc. O não cumprimento desses objetivos pode significar perda do controle emocional e até crises psicóticas.

Do mesmo modo, experiências de privação sensorial mostram como a ausência de estímulos sensoriais leva o sujeito a um estado de não interação ou de interação apenas com suas próprias fantasias, e como tal fato resulta em desestruturação pessoal, levando a doenças psicológicas. Esses dados parecem convergir no sentido de indicar que o eu é peculiarmente ativo.

5) *Temporalidade:* diz respeito ao que talvez seja a propriedade mais controvertida do eu, e se refere à questão da sua finitude ou da sua imortalidade. Esse é um campo pouquíssimo pesquisado em Psicologia, em parte por causa do seu forte colorido religioso. Tal fato poderá ser modificado com os desenvolvimentos realizados principalmente pela psicologia transpessoal e pela parapsicologia. Mas há outra área de conhecimento aberta há relativamente pouco tempo e que se refere aos fenômenos emocionais ligados à morte. O es-

---

* Este é um ponto bastante enfatizado nas experiências de aquisição do conhecimento ou de transformação pessoal, nos processos místicos, esotéricos ou de magia: o domínio consciente da intencionalidade (cf. Castañeda, 1974, 1984).

tudo de doentes terminais oferece oportunidade para que se compreenda melhor a morte e o morrer. Do mesmo modo, o estudo do significado da morte em várias culturas tem trazido alguns dados novos sobre esses fenômenos. E, como não poderia deixar de ser, é necessário levar em conta as contribuições advindas das experiências místicas, religiosas ou esotéricas. Na atualidade, a temporalidade do eu é uma questão em aberto.

IV

A AVALIAÇÃO INTERPESSOAL

IV

A AVALIAÇÃO INTERPESSOAL

CAPÍTULO 7

TECNOLOGIA DO CONHECIMENTO INTERPESSOAL

A busca do aperfeiçoamento da observação visando a uma coleta de dados mais completa e fidedigna é um objetivo permanente em ciência. Verificamos, contudo, que para cumprir esta exigência normalmente a ciência teve que criar e desenvolver novos instrumentos. O progresso científico sempre esteve associado, e com freqüência condicionado, ao desenvolvimento instrumental. É o que ocorreu, por exemplo, na Astronomia, com os instrumentos ópticos, na Química e na Física com os instrumentos de medição e precisão. Indo um pouco mais além, podemos dizer que o progresso humano esteve ligado ao desenvolvimento de ferramentas. A descoberta do fogo, a invenção do machado, da roda, do arado, foram fundamentais para a adaptação, sobrevivência e crescimento de nossa espécie.

Como cientistas, como membros de uma espécie ou como meros indivíduos, sempre estivemos em busca de maior segurança, e isso tem implicado domínio e controle da realidade. Nesse sentido, também a psicologia popular está envolvida nessa busca instrumental para maior domínio da realidade. Nesse ponto, iremos dedicar nossa atenção aos instrumentos e técnicas desenvolvidos pela psicologia leiga e pela científica, visando ao maior controle da coleta de dados, além daqueles mencionados anteriormente, a respeito da observação. Como sempre, vamos iniciar nossa análise observando o procedimento popular, principalmente quanto aos recursos de que ele lança mão para um melhor autoconhecimento ou conhecimento dos outros.

Nas décadas de 30, 40 e início de 50, na noite de Santo Antônio, o santo casamenteiro, eram comuns certas práticas realizadas pelas jovens solteiras, que consistiam em deixar uma vasilha com água no peitoril da janela, com as letras do alfabeto dentro dela. No dia seguinte, elas encontrariam o nome do eleito formado pelas letras na vasilha. Os tempos mudaram, e com eles as práticas e os costumes populares. Mas não para obter certeza e segurança em suas decisões. De fato, é impressionante o número de pessoas que se utili-

161

zam de previsões e recomendações contidas nas publicações diárias de horóscopos. Através de indícios provenientes de astrologia, numerologia, grafologia, tarô, leitura de búzios ou das mãos, as pessoas procuram se assegurar de que seus projetos e o curso de suas vidas terão um desenvolvimento satisfatório, com um final feliz. Nessas práticas, o objetivo do leigo é ter uma previsão das possibilidades de ocorrência de certos tipos de fatos e acontecimentos que lhe permita orientar-se e lhe indique quais condutas pareçam mais apropriadas aos fins que almeja. A característica mais marcante de todas essas práticas é que elas são usadas para se obterem dados que resultem em uma *vidência*, isto é, são práticas que fornecem previsões de natureza tipicamente adivinhatória. Com freqüência encontramos profissionais dessa área em programas de rádio e TV, afirmando que esta ou aquela prática já está cientificamente comprovada, o que visa conferir seriedade e veracidade a tais atividades. Qual a segurança e a eficácia das previsões obtidas através de tais métodos? São eles realmente confiáveis?

Já está devidamente comprovado através de experimentos rigorosamente controlados que certos indivíduos têm uma capacidade diferenciada para adivinharem seqüências de cartas de baralhos escolhidas ao acaso e sem que haja a menor possibilidade de qualquer tipo de comunicação, incluindo telepatia, entre quem adivinhava e quem selecionava as cartas (Rhine, 1971). Isso significa que tais indivíduos conseguem uma taxa de acertos maior do que se espera em acertos casuais. Em tais experimentos, comprovou-se também que o estado de ânimo do adivinhador exercia uma influência significativa no seu desempenho, podendo aumentar ou diminuir o número de acertos.

Não seriam esses dados suficientes para justificar a validade de tais métodos e conferir-lhes o crédito necessário como meios seguros para o fornecimento de previsões confiáveis? A resposta é não! A comprovação, por exemplo, da existência de percepção extra-sensorial pode explicar a ocorrência de altas taxas de acertos nas previsões de um "médium" que se utilize de algum desses métodos, mas isso não é o mesmo que provar cientificamente que tais métodos sejam válidos e nem mesmo que os acertos do médium sejam devidos apenas à sua capacidade de percepção extra-sensorial. Note o leitor que não estamos aqui considerando os casos de fraude e charlatanismo, mas tão-somente o daqueles que se entregam seriamente a tais práticas.

Sem dúvida, não se pode excluir a hipótese de certos indivíduos serem portadores de uma aptidão diferenciada como a intuição para certos tipos de eventos, o que se revelaria numa alta taxa de acertos e previsões que fizessem sobre tais eventos. Isso, contudo, não assegura que a prática adivinhatória seja válida em todos os casos em que ela é empregada. Do mesmo modo, não significa que todas as previsões desses indivíduos se confirmariam como acertadas. O fato de um indivíduo acertar 8 previsões em uma série de 10 tentativas é fato extraordinário e impressionante, mas não significa que sua capacidade preditiva seja sempre segura e confiável. É preciso levar em conta se as 10 tentativas ocorreram em condições idênticas ou não. Em caso positivo, isso conferiria certa consistência ao experimento, mas não seria, ainda, uma prova ou evidência suficiente. Mas, se após um número considerável de séries de 10 tentativas, a taxa de acertos permanecesse por volta de 8 por série, e excluída a hipótese de fraude ou manipulação dos dados, teríamos então que considerar a hipótese de estarmos frente a uma pessoa muito intuitiva, capaz de acertar previsões em 80 por cento dos casos, o que sem dúvida configura um desempenho excepcional. Ora, até aqui estivemos considerando a hipótese de as condições permanecerem idênticas, o que na prática parece ser impossível.

Se as condições variam, não podemos saber com certeza se os acertos se devem realmente à intuição do sujeito ou a algum dos diversos fatores que fizeram com que uma situação fosse diferente da outra ou a ambas. Fica fácil perceber por que um leigo se impressiona tanto quando presencia uma série de 10 tentativas onde ocorrem 8 acertos, mesmo que as situações sejam diferentes umas das outras. Facilmente ele tende a atribuir os acertos a uma única causa, como a intuição do adivinhador ou a intervenção de uma entidade, por exemplo, um espírito. Em tais casos, não há possibilidade de se fazer qualquer afirmação segura a respeito da causa do fenômeno.

Fizemos essas considerações para tornar mais claro como facilmente o leigo pode ser induzido a erro, supondo que uma série de acertos ou coincidências têm sempre o mesmo significado, isto é, são sempre produzidos pela mesma causa. Essa indução ao erro acontece em função da grande sugestionabilidade ou disposição do leigo a se impressionar com coincidências e o desconhecimento de como obter a certeza.

O método científico se desenvolveu a partir das constatações das deficiências encontradas nos métodos populares e as subseqüentes modificações que a eles foram feitas no sentido de se obter um conhecimento rigorosamente seguro e certo. Quais são então as características do método científico e por que elas resultam em um conhecimento seguro? É realmente possível aplicar o método científico ao estudo do comportamento humano? Mais especificamente falando, é possível predizer o comportamento humano?

Algumas dessas respostas, nos dizeres de Mischel, são: "Para converter teorias de personalidade, de especulações sobre o homem em idéias que podem ser estudadas cientificamente, precisamos colocá-las em termos *testáveis*. É básico para a ciência que qualquer posicionamento avançado, qualquer conceptualização, seja potencialmente testável. Isso é o que diferencia a ciência de simples afirmações de opinião ou crenças. Talvez o traço mais distintivo dos modernos estudos de personalidade como ciência seja seu interesse em colocar essas idéias em formas testáveis e estudá-las empiricamente" (Mischel, 1971).

O que Mischel pretende realçar é o caráter experimental do método científico. É pela experimentação que o cientista pode identificar com precisão os fatores que intervêm em um dado fenômeno e definir como participam dela. Nisso consiste o teste de uma hipótese para verificar sua validade.

Na realidade, todo conhecimento científico se faz por etapas: há uma etapa de incertezas, uma de evidências (em graus variáveis) e a de experimentação. Contudo, em certas áreas não é possível a experimentação. Nesses casos, a certeza advém do acúmulo de evidências e constatações, a partir de hipóteses sobre o que já está seguramente estabelecido. É nesse sentido que se desenvolveu o método clínico. Este consiste basicamente em se conhecer uma realidade mediante o estudo extensivo e minucioso do caso único e a generalização dos seus resultados para casos semelhantes ou de mesma classe.

Fizemos essas considerações para situar melhor o leitor para o que se passa hoje em Psicologia da Personalidade, a respeito da eficiência das predições comportamentais nessa área. As inúmeras teorias são reconhecidamente mais explicativas do que preditivas, o que se constitui em uma grande limitação. Um grande esforço tem sido despendido no sentido do desenvolvimento de instrumentos e técnicas mais específicos e precisos visando à obtenção de dados mais fidedignos, condição indispensável para a criação de uma sólida base preditiva.

Foi em função desse esforço que nas últimas décadas vimos surgir no seio da Psicologia da Personalidade uma importante polêmica referente à acuracidade das previsões clínicas, comparadas à das previsões estatísticas (Meehl, 1964). Inúmeros estudos indicam claramente uma nítida superioridade das previsões estatísticas (atuariais) sobre as previsões clínicas. De início, tais dados foram considerados como a demonstração do caráter pouco científico da abordagem clínica e a comprovação da excelência de outras abordagens, tidas como mais objetivas e científicas. Hoje, porém, percebe-se com mais clareza que a utilidade e a eficácia da abordagem clínica nunca estiveram colocadas em xeque pelos trabalhos de Meehl e outros. A questão essencial era: uma vez obtidos os dados, como eram eles elaborados para fins preditivos por psicólogos clínicos e psicólogos que adotavam procedimentos atuariais. Em outras palavras, o que esteve sendo medido era a capacidade pessoal de fazer predições de forma intuitiva que o clínico utiliza *versus* a capacidade preditiva apoiada em procedimentos estatísticos. A superioridade preditiva a partir de procedimentos atuariais não invalida o fato de que os procedimentos clínicos permitem a obtenção de uma série de dados significativos: alguns só obtidos em situações clínicas. Do mesmo modo, nada tem a ver com os resultados da atividade clínica, normalmente terapêuticos ou educacionais.

A partir do que foi exposto, podemos dirigir nossa atenção para o instrumental técnico que o psicólogo lança mão para obter dados sobre o outro.

MÉTODOS E TÉCNICAS DE AVALIAÇÃO PESSOAL

Até aqui estivemos analisando como o leigo e o psicólogo (enquanto cientista) procedem para conhecer o outro, estabelecendo os pontos de contato e de diferenciação entre os processos de ambos. Procuramos esclarecer de que modo o procedimento leigo deve ser corrigido para se converter em um procedimento científico.

Nesta seção iremos nos dedicar a conhecer os diversos métodos e técnicas utilizados em Psicologia da Personalidade, apresentando suas características, indicações e limitações. Por último, apresentaremos algumas críticas relativas a eles.

Para tornar mais claro o nosso trabalho, devemos definir alguns termos. Chamamos de teste o instrumento técnico de coleta de dados, que implica o uso de determinados materiais, objetos ou condições e o conjunto de procedimentos específicos que definem a sua aplicação.

Os diversos instrumentos de avaliação da personalidade são muito variáveis quanto aos seus aspectos técnicos, isto é, quanto à forma, conteúdo, modo de aplicação e interpretação. Dessa maneira, uma primeira aproximação para conhecê-los se faz pelo estabelecimento de critérios técnicos que permitam agrupá-los em determinadas categorias.

Deve-se a Campbell (cf. Pervin, 1978) a definição de certos critérios técnicos pelos quais os inúmeros instrumentos de avaliação podem ser classificados, compondo o sistema mais consagrado em Psicologia da Personalidade. Esse autor descreveu três dimensões em que os instrumentos de avaliação podem ser enquadrados.

165

A dimensão estruturado-não-estruturado se refere ao grau de liberdade de respostas que o sujeito pode dar. No instrumento estruturado as respostas estão definidas antecipadamente, cabendo ao sujeito apenas a escolha de uma delas. No instrumento não-estruturado, é dado ao sujeito ampla liberdade de responder de forma variada, não prefixada.

A dimensão dissimulado-não-dissimulado se refere ao grau de consciência que o sujeito pode ter quanto às finalidades e objetivos do instrumento. Um teste dissimulado é aquele em que o sujeito não consegue saber o que sua resposta vai significar, isto é, o que o instrumento está medindo. O teste não-dissimulado é aquele em que o sujeito percebe claramente o que sua resposta vai significar, ou seja, o que está sendo avaliado em sua personalidade.

E, por último, a dimensão voluntário-objetivo se refere a respostas preferenciais de um lado e respostas segundo um padrão de certo e errado, de outro. É claro que as três dimensões não esgotam todas as características que podem ser encontradas nos testes de avaliação, mas constituem, mesmo assim, um referencial satisfatório para classificá-los e compreendê-los.

Chamamos de *método* ou *técnica* o conjunto de diferentes testes que compartilham um mesmo tipo de abordagem da personalidade. Entre esses destacam-se o método projetivo e o método psicométrico.

Feitos esses esclarecimentos, podemos começar a analisar os vários instrumentos de avaliação da personalidade.

RELATOS INTERPESSOAIS

Este grupo compreende aqueles meios de coleta de dados centrados no relato verbal, feito pelo indivíduo a ser conhecido ou por terceiros que dele tenham determinados conhecimentos. Tais relatos podem ser orais ou escritos.

Entre os meios de coleta de dados desse grupo, destacam-se a biografia e as entrevistas, que consideraremos a seguir.

Biografia ou anamnese. É o estudo da história pessoal. Isto é, procura-se compreender o sujeito através da compreensão de como as sucessivas experiências por que passou ao longo do seu desenvolvimento até a atualidade contribuíram para torná-lo como ele é. É um estudo longitudinal, onde os fatos significativos da vida do sujeito são seqüenciados cronologicamente, e essa seqüência sendo analisada quanto aos efeitos que resultou na formação e desenvolvimento da personalidade.

166

Os dados sobre a vida da pessoa são obtidos diretamente dela, por meio de auto-relatos orais ou escritos, bem como através de informações prestadas por familiares e amigos, ou através de documentos e registros escritos ou gravados.

Sendo um método não-estruturado, não-dissimulado e voluntário, ele privilegia as manifestações típicas favorecendo a compreensão da singularidade pessoal. Seu grande mérito reside na pesquisa da individualidade.

As críticas de que padece se referem ao grau de subjetividade das informações. Como elas se constituem em sua maioria de lembranças, podem estar distorcidas ou incompletas, resultando em imagens nem sempre fidedignas dos comportamentos e características próprias e significativas do sujeito.

Por outro lado, autores como Rogers consideram tais críticas pouco relevantes, já que, para eles, o que importa são os fatos tais como eles existem para o sujeito. Assim, cada teoria tem um posicionamento crítico próprio, favorável ou desfavorável a tal método, conforme, por exemplo, o caráter idiográfico delas. Quanto maior este, maior o valor atribuído às informações advindas desse método. Apesar de ele poder ter sua validade comprometida pelas razões expostas, não se pode deixar de reconhecer que por meio dele podem ser obtidas informações objetivas, precisas e confiáveis.

Entrevistas. É o método de avaliação da personalidade de mais largo emprego. Consiste em um contato interpessoal entre um observador (o entrevistador) e um ou mais sujeitos. Na entrevista ocorre uma interação verbal entre ambos; os estímulos apresentados ao sujeito são questões formuladas pelo entrevistador, às quais o sujeito reage verbalmente, respondendo a elas, bem como em termos motores, através de atos, gestos, movimentos etc. O entrevistador é ao mesmo tempo participante e observador.

A entrevista atende a dois objetivos essenciais: dar e receber informações. Nesse sentido, ela se reveste de um caráter todo especial na medida em que se presta para a colheita de certos dados que, de outra forma, dificilmente seriam obtidos. Isso normalmente se dá em função do clima de tranqüilidade e confiança que se estabelece entre os seus participantes.

A entrevista pode ser utilizada para diversas finalidades: avaliações pessoais, seleção, ensino, terapia etc. Em função de suas finalidades, ela adquire contornos peculiares, por exemplo, uma atmosfera tranqüila e relaxante em certas terapias, ou uma atmosfera mais tensa, nos casos de seleção profissional.

Os diversos tipos de entrevista têm uma característica comum, que é a não-dissimulação. Com raríssimas exceções, os participantes têm consciência dos objetivos e finalidades delas.

As entrevistas podem ser classificadas em dois tipos básicos, conforme o grau de atividades e participação do entrevistador, ou seja, segundo o padrão de sua condução. Podem ser então diretivas e não-diretivas.

Na *entrevista diretiva* ou dirigida, o entrevistador tem papel ativo na sua condução, dirigindo o seu curso, segundo um esquema predeterminado. Dessa forma, o que será questionado é antecipadamente definido. É, portanto, estruturada. Quanto ao grau de estruturação, ela pode ser dividida em: entrevistas semi-estruturadas e entrevistas estruturadas ou padronizadas.

Na *entrevista semi-estruturada*, os temas e tópicos a serem investigados estão previamente definidos, mas a ordem e o modo de formular as questões vão sendo definidos pelo entrevistador, ao longo dela. As questões tendem a ser formuladas de forma direta e objetiva. Constitui-se então em uma entrevista do tipo pergunta e resposta. O sujeito tem liberdade de resposta, configurando uma técnica voluntária.

Sua grande vantagem reside no fato de permitir a obtenção de grande quantidade de informações objetivas em um curto espaço de tempo.

Por outro lado, apresenta uma série de inconvenientes: 1º) costuma ocorrer em um clima de tensão, o que pode afetar e comprometer as respostas do sujeito; 2º) este tem conhecimento do que está sendo investigado e pode propositadamente alterar a resposta que daria espontaneamente; 3º) pela atmosfera impessoal, não se presta à obtenção de informações mais íntimas e pessoais.

Na *entrevista estruturada* ou *padronizada*, não só os temas e tópicos a serem investigados estão previamente definidos, mas também o modo de formular cada questão, a ordem de apresentação destas ao sujeito, bem como a atitude geral do entrevistador. Há então todo um procedimento padronizado a ser rigidamente seguido com cada sujeito, qualquer que seja o entrevistador. Esse tipo de entrevista assemelha-se em tudo à aplicação de um questionário, diferindo apenas quanto a dois itens: as questões são orais e não escritas, e o sujeito tem liberdade de resposta, isto é, como a anterior, é uma técnica voluntária. É a mais impessoal de todas as entrevistas. Face ao alto grau de padronização, ela se presta mais adequadamente a fins de pesquisa. As respostas tendem a ser mais objetivas, a influência do entrevistador é limitada, a computação e análise dos dados, mais fácil e rápida. Em contraposição, sua aplicabilidade é restrita, além de ter os mesmos inconvenientes da entrevista semi-estruturada.

Na *entrevista não-diretiva* ou *livre*, o entrevistador procura limitar substancialmente a sua participação, visando interferir o mínimo possível em seu curso, o qual é ditado basicamente pelo sujeito. Os temas e tópicos tendem a surgir mais em função da espontaneidade e interesse do sujeito do que por investigação do entrevistador. Este quase só acompanha o relato daquele, apenas intervindo ocasionalmente em função da necessidade de maior esclarecimento a respeito de alguma colocação feita pelo sujeito.

É uma técnica não-estruturada, não-dissimulada e voluntária.

Dada a liberdade de expressão do sujeito e a tranqüila disposição em ouvir do entrevistador, resulta que o clima deste tipo de entrevista seja de confiança e familiaridade, o que facilita a abordagem e expressão de temas, aspectos e realidades extremamente íntimos e pessoais. Isso confere um profundo significado ao tipo de informação que surge deste tipo de entrevista, isto é, são dados ao mesmo tempo válidos e que refletem a individualidade do sujeito. Esse é o seu ponto forte e nisso reside a sua maior vantagem. Sua maior aplicação encontra-se no campo terapêutico.

Por outro lado, apresenta a desvantagem de consumir muito tempo, exigir um entrevistador treinado e experiente, constituindo-se em um método caro. Além disso, apresenta problemas em termos de fidedignidade das informações colhidas. Também tem sido bastante questionável a fidedignidade das interpretações do entrevistador (Mischel, 1968; Vernon, 1964).

TESTES PROJETIVOS

É da experiência de praticamente qualquer pessoa ter um dia contemplado as nuvens do céu e ter identificado nelas uma série de imagens e figuras de animais, rostos humanos etc. Esse fenômeno psicológico de ver coisas onde, em realidade, elas não existem constitui o fundamento dos testes chamados projetivos. Nesses testes, os sujeitos são solicitados a expressar o que vêem em certos desenhos ou o que pensam frente a certas palavras e frases. O termo "projetivo" advém da suposição de que tais estímulos funcionariam como uma tela onde o sujeito "projetaria" certos aspectos de sua personalidade, exatamente como ao observar as nuvens percebemos as imagens que nelas projetamos. Através do que ele percebesse, seria possível reconhecer seus motivos, necessidades e outras características psicológicas.

Nesse ponto, é necessário fazer certos esclarecimentos a respeito desse processo subjacente, bem como do uso do termo "projeção".

Esse termo é uma expressão técnica, consagrado pela teoria psicanalítica, e se refere a um mecanismo psicológico pelo qual um atributo ou característica emocional, não consciente porque é inaceitável ou condenável, passa a ser identificado em outra pessoa, como se tal atributo ou característica fosse realmente desta. Nós vemos nos outros aqueles defeitos que na verdade são nossos, mas que achamos que não o são. Nós os projetamos no outro. Esse mecanismo conta com uma aceitação muito ampla, inclusive por autores não psicanalíticos.

Tal como utilizado nos testes projetivos, o termo "projeção" não corresponde exatamente ao que propõe a teoria psicanalítica; nesse sentido, aliás, o termo se assemelha mais ao conceito leigo de projeção. De qualquer forma, o mecanismo envolvido nos testes projetivos tem mais a ver com a imaginação e a fantasia do que com a projeção enquanto mecanismo de defesa. Diz respeito à associação de idéias e à identificação (este também um mecanismo psicanalítico).

Pelo que já foi exposto, o leitor pode notar que há uma íntima relação entre os fundamentos teóricos dos testes projetivos e as teorias psicodinâmicas, particularmente a psicanalítica. Segundo Pervin, essas teorias enfatizam os aspectos idiossincráticos da pessoa, a intervenção de forças complexas internas, de natureza principalmente inconsciente, a tendência natural a lidar com os estímulos externos em termos de organização e estruturação dos mesmos, bem como a compreensão do comportamento em termos globais e não segmentares (Pervin, 1978).

De seu lado, os testes projetivos têm se constituído principalmente em instrumento clínico, visando revelar as motivações inconscientes e outros aspectos não manifestos da personalidade, procurando avaliá-la de forma global; ao sujeito é apresentado uma série de estímulos não-estruturados e ambíguos, os quais a sua personalidade tende a organizar ou estruturar segundo padrões e tendências que lhe são peculiares, ou seja, a maneira de perceber e interpretar os estímulos refletiria os estratos mais profundos e significativos do sujeito, sem que este disso se desse conta. Além do mais, é-lhe permitido responder da maneira a mais livre e variada possível. Trata-se então de testes não-estruturados, dissimulados e voluntários.

Na sua aplicação, procura-se dar instruções breves e genéricas, aumentando assim a não estruturação da situação. O sujeito verbaliza suas respostas, enquanto o aplicador anota-as, bem como o tempo de resposta e outras particularidades observadas, que devem ser consideradas na interpretação de cada resposta.

O processo de avaliação e interpretação dos testes projetivos tem sofrido inúmeras críticas, que serão apreciadas ao final desta seção.

Os testes projetivos podem se apresentar, instrumentalmente, sob três formas principais: 1º) testes que usam figuras ou imagens, como o Rorschach, o Teste de Apercepção Temática (TAT), o teste Holtsman etc.; 2º) os testes de associação verbal, como os de associações de palavras, os de completar sentenças etc.; 3º) os testes expressivos, como os de desenho da pessoa, da árvore, as técnicas com jogos e brinquedos etc. Vamos, a seguir, fazer uma apresentação sumária dos mais importantes.

Teste de Rorschach: é a mais conhecida técnica projetiva, criada em 1921, por H. Rorschach, psiquiatra suíço. Consiste em dez pranchas, cada uma das quais tendo ao centro um borrão de tinta preta, cinza ou de outras cores. A mancha é simétrica. As pranchas são apresentadas ao sujeito uma a uma, em seqüência, e pede-se ao mesmo tempo que diga o que lhe parecem, sendo anotadas as suas respostas. As respostas são avaliadas e interpretadas em termos de *localização* de respostas, ou seja, a que parte da mancha refere sua resposta; *determinantes* de respostas, que são forma, cor, sombra e movimento, e *conteúdo* das respostas, que se referem a animais ou seus detalhes, figuras humanas ou seus detalhes, e objetos animados e inanimados.

Muitos dos seus aspectos básicos têm sido questionados, tais como: a cor não tem a importância que lhe é atribuída, há evidências de influência ambiental (Rotter, 1980). Esse teste tem sido muito criticado quanto à sua fidedignidade e validade (Mischel, 1971; Vernon, 1973; Anastasi, 1977).

Apesar dos crescentes estudos colocando em xeque a fidedignidade dos testes, é preciso reconhecer que os estudos de sua fidedignidade são muito difíceis e complexos. O mesmo pode ser dito quanto à sua validade; não existem uniformidade e concordância entre os autores que se dedicam a determinar sua validade, quanto a que testes seriam adequados para definir sua validade.

O seu campo de maior aplicação tem sido indubitavelmente a clínica, e os clínicos têm continuamente reafirmado sua utilidade, principalmente para fins diagnósticos. Por outro lado, tem sido demonstrado que em termos preditivos é um instrumento de pouco sucesso. Contudo, exige de quem o aplique que seja um clínico experiente.

Teste de Apercepção Temática (TAT). Foi desenvolvido por H. Murray (1943). Consiste em vinte pranchas com figuras humanas em situações e posições variadas, pouco estruturadas, o que permite interpretá-las de variadíssimas maneiras. São apresentadas ao sujeito em seqüência e pede-se que imagine uma história, a partir da cena que vê, comentando os sentimentos e pensamentos dos personagens e culminando com o resultado da mesma. O princípio básico é o que, identificando-se com os personagens, o sujeito na realidade está falando de si mesmo, sem ter consciência disso.

Esse teste foi desenvolvido basicamente para revelar as necessidades do sujeito, bem como as pressões ambientais que o estão afetando. Sua interpretação centra-se na análise da história ou fantasia.

Além de sua grande aplicação em clínica, tem sido também bastante usado em pesquisas, e os estudos a respeito de sua validade têm se revelado bem mais favorecidos quando comparados com os de Rorschach.

Testes associativos. Constituem outra categoria de testes projetivos, sendo representados principalmente pelo teste de associação de palavras e o de completar sentenças.

O teste de associação de palavras de Jung consiste em apresentar ao sujeito cinqüenta a cem palavras escolhidas ao acaso (palavras indutoras). A cada palavra apresentada o sujeito deve responder com a primeira palavra que lhe acudir à mente (palavras induzidas). O aplicador deve medir o tempo gasto entre o final da palavra indutora e o início da induzida, bem como anotar as reações e comentários do sujeito. Assim, para certas palavras ele responderá rápido, a outras, demorará, poderá rir, etc. Após essa série, repetem-se as mesmas palavras indutoras, pedindo ao sujeito que se lembre da resposta dada na primeira série. Dessa forma, o aplicador fica de posse de uma série de palavras que, segundo a concepção de Jung, tocaram em pontos sensíveis do sujeito. Uma análise dessas palavras revela os "complexos inconscientes" do sujeito, isto é, um conjunto de conteúdos ideo-afetivos carregados de intensa carga emocional.

Esses testes têm maior aplicação no campo clínico, bem como em pesquisas.

Os métodos projetivos têm sofrido sérias críticas nos últimos anos, advindas principalmente de autores que enfatizam a abordagem estatística em contraposição à abordagem clínica.

TESTES PSICOMÉTRICOS

Esta categoria de testes foi desenvolvida por autores que enfatizam: 1º) as diferenças individuais; 2º) a busca de objetividade; 3º) o uso de recursos estatísticos que permitam mensurações quantificáveis. São testes que pretendem estabelecer medidas objetivas das diferenças individuais lançando mão de análises estatísticas.

Esse movimento, de início, voltou-se para o desenvolvimento de testes que medissem habilidades e capacidades psicológicas, principalmente a inteligência. Com o tempo, o interesse se estendeu à pesquisa de características da personalidade, principalmente aquelas mais estáveis, estando hoje muito ligado ao estudo dos traços e disposições fundamentais da personalidade. São, portanto, em grande parte, testes destinados à mensuração dos traços. O método estatístico mais utilizado é o da análise fatorial.

O suposto básico nessas abordagens é que traços ou disposições representam atributos ou qualidades estáveis da personalidade e existem em cada pessoa em formas e graus variáveis, o que explica as diferenças individuais. Nós estaremos compreendendo as diferenças individuais à medida que pudermos identificar tais atributos, bem como quantificar e medir o grau em que se manifestam no sujeito e situá-los em algum tipo de escala. Dessa forma, as pessoas podem ser comparadas quanto ao grau que apresentam de um mesmo traço. Além disso, a medida de vários traços distintos permite compor um perfil psicológico do sujeito.

Os dados a serem aferidos e medidos são obtidos através de vários instrumentos, como os auto-relatos, a observação direta seguida de anotação do resultado e, principalmente, pelo uso de questionários ou inventários. Por meio desses instrumentos, o sujeito vê-se frente a uma série de questões ou alternativas, às quais deve responder com a alternativa que lhe é mais característica. Desses procedimentos resulta uma grande quantidade de dados sobre o sujeito, os quais são submetidos a uma análise fatorial. Esta se refere a um processo matemático que permite classificar e enfeixar várias respostas correlacionadas em um único e mais homogêneo grupo. Dessa forma, o grande número de respostas iniciais que caracterizam o sujeito é reduzido a uns poucos grupos independentes, homogêneos e diferentes entre si, constituindo as dimensões ou fatores fundamentais da personalidade. Em resumo, a análise fatorial permite uma simplificação dos dados do teste.

Como dissemos, nessa abordagem há uma ênfase na objetividade, o que se traduz por uma padronização rigorosa e uma busca sistemática de maior controle tanto das condições de estímulo quanto das alternativas de resposta e das maneiras de se pontuar e analisar os dados. Mesmo assim, uma série de críticas tem sido levantada, evidenciando que o pretendido grau de objetividade ainda não foi atingido (Mischel, 1968, 1971).

A maior parte das críticas é dirigida às limitações dos instrumentos de coleta de dados, por exemplo, inventários, o que segundo alguns autores gera problemas quanto à fidedignidade e validação dos testes.

Para uma melhor compreensão desses problemas, vamos considerar o instrumento mais utilizado nas avaliações psicométricas, que é o inventário.

Inventários ou questionários. É o mais popular instrumento de investigação da personalidade e consiste em se responder a uma série de questões em termos de *sim, não* e *não sei, certo* ou *errado*, ou assinalando comportamentos e características pessoais que o sujeito julga ser possuidor.

A exigência de objetividade faz com que as perguntas procurem ter sentido claro e uma formulação precisa. As respostas se limitam habitualmente a poucas categorias preestabelecidas, cabendo ao sujeito escolher aquela com a qual mais se identifica ou que lhe pareça mais pertinente. Nesse sentido, é um instrumento estruturado, normalmente não-dissimulado e objetivo.

Como já mencionamos, têm sido freqüentemente usados para se identificar os traços que compõem a personalidade do sujeito. Mas também encontram amplo campo de aplicação na investigação de interesses, atitudes, valores, bem como habilidades e aptidões. Por se referirem ao que o sujeito pensa conscientemente de si mesmo, costumam ser de pouca valia para a identificação de elementos mais profundos ou inconscientes da personalidade.

Apresentam uma série de vantagens, tais como: 1º) facilidade de aplicação, computação e interpretação; 2º) podem ser administrados por pessoas sem experiência ou treino anterior; 3º) não há influência por parte do aplicador; 4º) são econômicos, na medida em que podem ser aplicados a grande número de sujeitos simultaneamente; 5º) são muito objetivos quanto à interpretação.

Nessa categoria, o teste mais conhecido é o *Inventário Multifásico de Personalidade de Minnesota (MMPI)*. Foi desenvolvido para identificar os traços típicos de patologias e desajustamentos psicológicos. Consiste em 550 afirmações a que o sujeito deve responder *certo, errado* ou *não sei*. Os resultados são situados em dez categorias psicopatológicas: hipocondria, depressão, histeria, desvio psicopático, paranóia, psicastenia, esquizofrenia, hipomania, masculinidade-feminilidade e introversão social. Um aspecto importante é a existência de escalas para verificar falta de cuidado no responder, simulações e certas tendências de resposta.

Outros testes foram desenvolvidos para identificação de traços de personalidade sem conotações psicopatológicas, destacando-se entre eles o *Inventário Psicológico da Califórnia (CPI)* e o *Inventário de Preferência Pessoal*, de Edwards (EPPS).

Para os nossos propósitos, merece atenção o *Questionário dos Dezesseis Fatores de Personalidade* (Teste 16PF), elaborado por R. B. Cattel (cf. Pervin, 1978).

Esse teste consiste em dois formulários com 186 afirmações cada um, às quais o sujeito deve responder *sim, não* ou *ocasionalmente*. As respostas do sujeito são classificadas, manualmente ou por computador, em dezesseis categorias, que expressam as dimensões ou fatores da personalidade. Segundo o autor, toda a personalidade está abrangida por essas dezesseis dimensões. Cada dimensão é representada por uma escala bipolar, com dez pontos entre elas, onde o sujeito deverá ser situado. Assim, temos a dimensão *submissão-dominância* com pontuação de 1 (muito submisso) a 10 (muito dominador) e com os números 5 e 6 indicando valores médios.

O 16PF é um teste estruturado, não-dissimulado e objetivo. Parece ter uma fidedignidade razoável.

Testes como o 16PF têm sofrido vários tipos de crítica. Alguns autores têm questionado que os fatores que emergiram das avaliações podem ser frutos da influência de estereótipos sociais ou estarem refletindo categorias conceituais e não os traços propriamente do sujeito (Mischel, 1968, 1971; Anastasi, 1977).

Por outro lado, os inventários e questionários também têm sido alvo de certas críticas: 1º) apesar de apresentar as mesmas formulações aos sujeitos, cada um responderá segundo seu próprio entendimento, não havendo meios de se ter certeza de que todos entenderam a formulação do mesmo modo; 2º) o que é avaliado não é o comportamento em si, mas a interpretação que o sujeito faz dele; 3º) têm sido identificadas *tendências ou estilos de responder* que mostram que o sujeito pode estar respondendo segundo essas tendências e não o que realmente é. Entre estas, destacam-se: a tendência a dar *respostas socialmente desejáveis, a aquiescência*, que é a tendência a dar respostas de concordância (sim ou certo) ou de discordância (não ou errado), *desvio*, que é a predisposição a dar respostas incomuns, a tendência a dar respostas familiares, o "ser do contra", isto é, tendência a responder o oposto do que se é (Wiggins, 1973; Anastasi, 1977). Por outro lado, alguns autores como Jackson e Messick (1958) têm ponderado que alguns desses estilos de respostas podem ser tendências estáveis da personalidade, isto é, predisposições que merecem ser identificadas e não simplesmente erros de respostas ou de medidas.

A questão da precisão e da validade dos testes de personalidade é outro ponto crítico que diz respeito igualmente aos testes psicométricos. A determinação da fidedignidade dos testes de personalidade é muito complexa.

TESTES DE DESEMPENHO E OBSERVAÇÃO

Nos testes de observação, o sujeito é observado em um ambiente natural, que pode ser sua casa, hospital ou local de trabalho. Visam investigar determinados padrões comportamentais do sujeito para fins variáveis de natureza educacional, terapêutica ou profissional. Habitualmente, o observador está presente, o que pode ser fonte de viés, apesar de relatos que dão conta de que o sujeito facilmente se acostuma com a presença do observador, chegando até mesmo a ignorar sua presença.

Às vezes, a observação se faz através do uso de monitor de TV. Nestes casos, é preciso também avaliar o efeito que a presença da câmera de TV pode provocar no sujeito.

Normalmente a precisão desses testes é determinada pela *fidedignidade entre avaliadores*.

Nos *testes de desempenho ou comportamentais*, o sujeito é colocado em uma situação padronizada e observa-se o comportamento do sujeito frente a certos estímulos. Obtêm-se assim informações precisas e confiáveis face ao controle que se exerce sobre as variáveis da situação. Visa obter dados sobre comportamentos específicos do sujeito. São testes estruturados, dissimulados ou não e objetivos.

Se, de um lado, são altamente objetivos e fidedignos, de outro, há problemas de validade; por exemplo, um certo padrão de desempenho em uma dada tarefa pode ser usado para predizer o desempenho do sujeito em um trabalho que exigirá tal tarefa?

Alguns vieses têm sido identificados na aplicação desses testes, como, por exemplo, os relativos à presença do observador e as suposições que o sujeito faz quanto às expectativas do observador. Mas constituem, sem dúvida, uma fonte bastante útil e uma categoria bastante promissora de coleta de dados.

A AVALIAÇÃO DA PERSONALIDADE — CONCLUSÕES

Após termos feito essa apreciação geral dos principais instrumentos de avaliação da personalidade, o leitor deve estar com a impressão de que, no fundo, a avaliação científica não é muito diferente da avaliação leiga, quanto à sua precisão e validade. De fato, a complexidade da tarefa de avaliação da personalidade implica extremas dificuldades metodológicas, o que em si não é novidade em ciência. Mas exatamente a exigência de rigor que a ciência impõe obriga a que o cientista identifique cada fator de imprecisão ou erro e busque as medidas que visem corrigi-las. A Psicologia da Personalidade é um campo da ciência muito jovem e está por certo na fase de estabelecer os seus fundamentos. Isso significa que a incerteza que o leitor sentiu corresponde, em parte, à incerteza que realmente impera nessa área do conhecimento na atualidade. Contudo, não se deve daí concluir que a incerteza do cientista é a mesma coisa que a imprecisão do leigo.

V

CONCEITOS DE PERSONALIDADE

CAPÍTULO 8

CONCEITOS DE PERSONALIDADE

O leitor já está ciente de nossa proposta, neste livro: aprender os requisitos para se conhecer a personalidade, não a partir de sua definição, mas de um modo que se chegue a ela, racionalmente. Esses requisitos já os abordamos em detalhes e podem ser ressaltados no seguinte:

1º) A Psicologia da Personalidade é a psicologia da *pessoa*.

2º) Cada pessoa é uma *totalidade singular*, isto é, uma organização dinâmica, cujas *partes* estão em *contínua interação, transformação e integração*.

3º) Essas partes se referem a *condições internas*, de natureza *físico-química*, em interação com o *meio ambiente*, isto é, um dado espaço em um dado momento.

4º) Esse processo *histórico* resulta em um ser único, cuja *identidade* se traduz no seu comportamento.

Esses mesmos requisitos poderiam ser expressos de outro modo:

1º) Cada *pessoa* é reconhecida por *comportamento próprio e típico*.

2º) Esses comportamentos variam ao longo do tempo e do espaço, pois resultam da *interação* de *condições internas e externas*, mas persistindo uma unidade básica *(identidade)*.

4º) Esse processo de *desenvolvimento* configura a história da pessoa.

Nem todas as teorias enfatizam esses mesmos requisitos, mas pode-se dizer que, *grosso modo*, a maioria deles é considerada por todas.

O conceito que cada autor manifesta reflete os requisitos que ele valoriza e considera indispensáveis para o conhecimento de uma pessoa. Assim, um autor de forte orientação biológica tende a enfa-

179

tizar e explicitar as condições internas, no que se refere aos seus componentes biológicos. Isso significa que qualquer pessoa pode, a partir desses requisitos, formular o seu próprio conceito de personalidade. Nesse sentido, convidamos o leitor a formular o seu conceito.

Do mesmo modo, tais conhecimentos permitem que, dada uma definição de personalidade, possamos reconhecer nela os aspectos principais que expressam o seu posicionamento teórico.

A título de ilustração, apresentamos a seguir quatro definições de personalidade, formuladas por autores consagrados, que permitem ao leitor identificar os fundamentos teóricos que norteiam o pensamento de cada um desses autores:

> "Personalidade é a organização do equipamento comportamental singular que cada indivíduo adquiriu sob as condições especiais do seu desenvolvimento" (Lundin, 1978).
> "Representa as propriedades estruturais e dinâmicas de um indivíduo, tais como se refletem em respostas características a determinadas situações" (Pervin, 1978).
> "É a organização dinâmica, dentro do indivíduo, daqueles sistemas psicofísicos que determinam seus ajustamentos particulares a seu ambiente" (Allport, 1974).
> "É a resultante psicofísica da interação da hereditariedade com o meio, manifestada através do comportamento, cujas características são peculiares a cada pessoa" (D'Andrea, 1972).

Como se pode notar, cada autor tende a dar mais ênfase a este ou aquele aspecto, conforme sua orientação teórica pessoal. As definições traduzem os modos distintos de se conhecer as pessoas, dentro da concepção científica, o que reflete a complexidade do ser humano. Nossa tarefa encerra-se aqui, e nosso objetivo de iniciar o leitor na compreensão dessa complexidade está atingido. Resta ao leitor avançar a partir daí, por conta própria. Asseguramos que é um empreendimento fascinante.

BIBLIOGRAFIA

ALLPORT, G. *Desenvolvimento da personalidade*. São Paulo: Ed. Herder, 1970.
_____. *Personalidade — Padrões e desenvolvimento*. São Paulo: EPU, 1974.
ANASTASI, A. *Psicologia diferencial*. São Paulo: EPU, 1977.
BENNETT, J. G. *O homem interior — Os caminhos da transformação*. São Paulo: Martins Fontes, 1986.
BLOOM, B. S. *Stability and Change in Human Characteristics*. Nova York: John Willey and Sons Inc., 1964.
BOLLES, R. C. *Teoría de la motivación*. México: Ed. Trillas, 1978.
BOWLBY, J. *Apego*. São Paulo: Martins Fontes, 1984.
_____. *Separação, angústia e raiva*. São Paulo: Martins Fontes, 1984.
BREGER, L. e MCGAUGH, J. L. "Crítica e reformulação das abordagens da 'Teoria de aprendizagem' na psicoterapia e nas neuroses". Em *Teorias da psicopatologia e da personalidade*, org. Theodore Millon, Rio de Janeiro: Interamericana, 1979.
CASTAÑEDA, C. *Porta para o infinito*. Rio de Janeiro: Distribuidora Record, 1974.
_____. *O fogo interior*. Rio de Janeiro: Distribuidora Record, 1984.
CATTEL, R. B. e KLINE, P. *The Scientific Analysis of Personality and Motivation*. Londres: Academic Press Inc. Ltd., 1977.
CHAUVIN, R. *A etologia*. Rio de Janeiro: Zahar Ed., 1977.
COFER, C. N. *Motivação e emoção*. Rio de Janeiro: Interamericana, 1980.
COFER, C. N. e APPLEY, M. H. *Psicología de la motivación*. México: Ed. Trillas, 1976.
CRONBACH, L. J. *Essentials of Psychological Testing*. Nova York: Harper & Row Pub. Inc., 1970.
D'ANDREA, F. F. *Desenvolvimento da personalidade*. São Paulo: DIFEL, 1972.
DARTIGUES, A. *O que é a fenomenologia*. Rio de Janeiro: Liv. Eldorado Tijuca, 1973.
EICHORN, D. H. "Desenvolvimento fisiológico". Em *Bases biológicas do desenvolvimento* — Carmichael (org. P. H. Mussen). São Paulo: EPU-EDUSP, 1976.
ERIKSON, E. *Infância e sociedade*. Rio de Janeiro: Zahar Ed., 1971.
_____. *Identidade, juventude e crise*. Rio de Janeiro: Zahar Ed., 1972.
EY. H., BERNARD, P. e BRISSET, C. *Tratado de psiquiatria*. Barcelona: Toray-Masson S/A, 1965.

FILLOUX, J. C. *A personalidade*. São Paulo: DIFEL, 1978.

FREUD, S. *História do movimento psicanalítico e artigos sobre metapsicologia*, vol. XIV. Rio de Janeiro: Imago Ed., 1974.

_____. *Esboço de psicanálise*, vol. XXIII, Rio de Janeiro: Imago Ed., 1975.

_____. *O ego e o id*, vol. XIX. Rio de Janeiro: Imago Ed., 1976a.

_____. *Além do princípio do prazer*, vol. XVIII. Rio de Janeiro: Imago Ed., 1976b.

GEIWITZ, P. J. *Teorias não-freudianas da personalidade*. São Paulo: EPU, 1973.

GROF, S. *Além do cérebro: nascimento, morte e transcendência em psicoterapia*. São Paulo: McGraw-Hill, 1987.

GURDJIEFF, G. I. *Gurdjieff fala a seus alunos*. São Paulo: Ed. Pensamento, 1989.

HALL, C. S. e LINDZEY, G. *Teorias da personalidade*. São Paulo: EPU-EDUSP, 1973 (9ª ed.).

HILGARD, E. R. *Teorias da aprendizagem*. São Paulo: EPU, 1973.

HINDE, R. A. *Introducción a la etología para psicólogos*. Buenos Aires: Nueva Visión, 1977.

HUMBERT, E. G. *Jung*. São Paulo: Summus Editorial, 1987.

JUNG, C. G. *A natureza da psique*. Petrópolis: Ed. Vozes, 1984.

KRETCH, D., CRUTCHFIELD, R. S. e BALLACHEY, S. *O indivíduo na sociedade*, vol. 2. São Paulo: Livraria Pioneira, 1975.

LAZARUS, R. S. *Personalidade e adaptação*. Rio de Janeiro: Zahar Ed., 1966.

LAZARUS, R. S. e MONAT, A. *Personalidade*. Rio de Janeiro: Zahar Ed., 1979.

LEWIN, K. *Teoria de campo em ciência social*. São Paulo: Livraria Pioneira Ed., 1965.

LEWIS, H. e LEWIS, M. E. *Fenômenos psicossomáticos*. Rio de Janeiro: Livraria José Olimpyo Ed., 1974.

LORENZ, K. *Três ensaios sobre o comportamento animal e humano*. Lisboa: Arcádia, 1975.

_____. *A agressão*. Lisboa: Moraes Ed., 1979.

MADDI, S. R. *Personality Theories: A comparative Analysis*. Homewood: Dorsey Press, 1980.

MAISONNEUVE, J. *A psicologia social*. São Paulo: Difusão Européia do Livro, 1967.

MAY. R. *Eros e repressão*. Petrópolis: Ed. Vozes, 1973.

McCLELLAND, D. C. *Personality*. Nova York: Henry Holt and Company Inc., 1958.

MISCHEL, W. *Personality and Assessment*. Nova York: John Willey and Son Inc., 1968.

_____. *Introduction to Personality*. Nova York: Holt, Rinehart and Winstons Inc., 1971.

MORGAN, C. T. *Introdução à psicologia*. São Paulo: Ed. McGraw-Hill do Brasil, 1977.

MURPHY, G. *Personality. A Biosocial Approach to its Origins and Structure*. Nova York: Harper & Brothers Pub., 1947.

MURRAY, H. A. *Explorations in personality*. Nova York: Oxford University Press, 1938.

MURRAY, H. A. e KLUCKHOHN, C. *Personalidade, na natureza, na sociedade, na cultura*. Belo Horizonte: Ed. Itatiaia Ltda., 1965.

NOGUEIRA NETO, P. *O comportamento animal e as raízes do comportamento humano*. São Paulo: Tecnápis, 1984.

NUTTIN, J. *A estrutura da personalidade*. São Paulo: Duas Cidades, 1969.

OUSPENSKY, P. D. *Fragmentos de um ensinamento desconhecido*. São Paulo: Ed. Pensamento, 1989.

PERVIN, L. A. *Personalidade*. São Paulo: EPU-EDUSP, 1978.

PICHOT, P. *Los testes mentales*. Buenos Aires: Ed. Paidós, 1976.

RECASÉNS-SICHES, L. *Tratado de sociologia*, vol. 1. Porto Alegre: Ed. Globo, 1968.

REUCHLIN, M. *A psicologia diferencial*. Lisboa: Ed. Estudios Cor S/A, R.L., 1972.

RHINE, J. B. e BRIER, R. *Novas perspectivas da parapsicologia*. São Paulo: Ed. Cultrix Ltda., 1971.

ROTTER, J. B. e HOCHREICH, D. J. *Personalidade*. Rio de Janeiro: Interamericana, 1980.

SAWREY, J. M. e TELFORD, C. W. *A psicologia do ajustamento*. São Paulo: Ed. Cultrix, 1974.

SCHRAML, W. J. *Introdução à moderna psicologia do desenvolvimento para educadores*. São Paulo: EPU, 1977.

SLUCKIN, W. *Estampagem*. São Paulo: Ed. Perspectiva, 1972.

SMITH, M. B. "A abordagem fenomenológica na teoria da personalidade: algumas considerações críticas". Em *Teorias da Psicopatologia e da personalidade*, TH. Millon (org.). Rio de Janeiro: Ed. Interamericana, 1979.

SOMMERS, P. V. *Biología de la conducta*. México: Ed. Limusa, 1976.

STOETZEL, J. *Psicologia social*. São Paulo: Companhia Editora Nacional, s/d.

TELFORD, C. H. e SAWREY, J. M. *Psicologia*. São Paulo: Ed. Cultrix, 1977.

VERNON, P. E. *Personality Assessment: A Critical Survey*. Londres: Buttler & Tanner Ltda., 1964.

WALKER, E. I. *Psicologia como ciência natural e social*. São Paulo: EPU, 1973.

WELLS, B. W. P. *Personalidade e hereditariedade*. Rio de Janeiro: Zahar Ed., 1982.

WHITE, R. "Competende and the Psychosexual Stages of Development". Em *Nebraska Symposium of Motivation*, M. R. Jones (org.), Lincoln: University of Nebraska Press, 1960.

WIGGINS, J. S. *Personality and Prediction: Principles of Personality Assessment*. Nova York: Addison Wesley Pub. Co., 1973.

WILIE, R. C. *The Self Concept*. Lincoln: University of Nebraska Press, 1961.

WOODWORTH, R. S. e MARQUIS, D. G. *Psicologia*. São Paulo: Companhia Editora Nacional, 1973.

ZLOTOWICZ, M. *Os medos infantis*. Rio de Janeiro: Zahar Ed., 1976.

DAG GRÁFICA E EDITORIAL LTDA.
Av. N. Senhora do Ó, 1782, tel. 857-6044
Imprimiu
COM FILMES FORNECIDOS PELO EDITOR